マジどん

「マジで、どん底！」から抜け出す、一流の人のすごい考え方

神はひとつの扉を閉めても、
1000の扉を開けてくれている。

トルコのことわざ

はじめに

「マジどん」からの脱出！

「マジで、どん底……」

今、そんな状態にいるというあなた。
この本は、そんなあなたに、**「マジどん（『マジで、どん底』の略）から脱出する方法」**を紹介するための1冊です。

日本のある大手ピザ宅配会社の創業者は、スティーブン・スピルバーグ監督の映画『E.T.』を観ているとき、主人公の少年の家が宅配ピザをとっているシーンを見て、「これは、日本で絶対にイケる！」とひらめいたそうです。
このように、成功の「きっかけ」というヤツは、どこにでも転がっているもの。

ただ、ほとんどの人は、それになかなか気がつかないだけ。

「マジどん」から抜け出せるチャンスをみすみす見逃しているのです。


あなたの人生を変える「きっかけ」は、もしかしたら、カフェで休んでいるとき、あなたの隣でコーヒーを飲んでいた「人」だったかもしれません。

もしかしたら、本屋へ行ったとき、あなたが、一瞬、「買おうかな」と思って、結局、買わなかった「1冊の本」だったかもしれません。

もしかしたら、昨晩、あなたに届いた、1通の「案内メール」だったかもしれません。


その「人」に、声をかけていれば、新たな展開の「きっかけ」になったのに……。

その「本」を、買っていれば、気づきの「きっかけ」になったのに……。

その「メール」を見て、出かけていれば、「きっかけ」になる体験ができたのに……。


惜しい！！！

実は、この「逆転のきっかけ」をつかまえるには、ちょっとしたコツがあります。

私も、以前は悶々《もんもん》としていた時期があり、そのときには、どうしたらよいのかがわかりませんでした。

しかし、今はそのコツを知り、たくさんの「きっかけ」をつかむことができています。

おかげで、本を書くことができました。

たくさんの人たちと、つながることができました。

出会えた人のなかには、憧れていたメンター（心の師匠）たちも含まれています。

実は、この**「マジどんから抜け出す方法」「逆転のきっかけをつかむコツ」は、知ってしまえば誰にでもできる簡単**なことなんです。

「マジどん」から、「抜け出す人」と「抜け出せない人」の違い。

それは、その方法を「知っているか、知らないか」。

そして、それを、

「やるか、やらないか」。
それだけの違いでしかありません。
アメリカの天文学者、カール・セーガン博士の言葉です。

「どこかで、何かすごいことが、発見されるのを、今か今かと待っている」

あなたを「マジどん」から脱出させる「逆転のきっかけ」は、この世界のどこかで、あなたに発見されるのを、今か今かと待ってくれています。
この本が、あなたを「マジどん」から脱出させる「きっかけ」になることを願っています。

西沢泰生

PART 2
「マジどん」から抜け出す、一流の人の考え方10

PART 3 「マジどん」から抜け出すためのアクション11

PART 4

「マジどん」脱出穴うめクイズ8 198

※本書は2014年4月に刊行された『人生を変える「きっかけ」のつかみ方』(ユーキャン)に、大幅な加筆をして再編集したものです。

PART 1

「マジどん」から抜け出す、きっかけの話 9

「マジどん」から脱出する考え方について
お伝えする前に、PART1ではまず、
「人の運命が変わるきっかけ」にまつわる
エピソードを紹介しましょう。
「人生を変えるきっかけ」が、いかに突然、
やってくるものか。
そして、いかに、その人の人生において
「必然」なものなのか……。
そんな「きっかけの不思議」を感じさせて
くれるエピソードを選んでみました。

「成功の扉」は、誰にでも用意されている

タモリの「開いていた扉」

ジャジャジャジャーン！

ベートーベンの名曲『運命』です……って、文字だとわかりにくいですね。

鉄腕アトムを作った天馬博士が、アトムを誕生させるときに景気づけに流したのはこの曲でした。

アニメの『ハクション大魔王』は、誰かがくしゃみをして、ツボから出てくるときに「呼ばれて飛び出てジャジャジャジャーン」て、自分で言っていましたっけ……（たとえが漫画ばっかり……しかも古い……）。

子どもの頃、私が生まれて初めて知ったクラシックの曲も『運命』でした。

ちなみに、この曲。もとは「無題」で、弟子が「出だしのジャジャジャジャーンは、いったい何を表しているのですか？」と聞いたとき、ベートーベンが、「これは、運命が扉をたたく音である」と答えたことから、『運命』と呼ばれるようになった……という、ウソっぽいエピソードが残っています。

ジャジャジャジャーンが、「運命が扉をたたく音」とは。

もし、本当のエピソードなら、ベートーベンさん、しゃれたことをおっしゃる。

「運命の扉」という表現があります。

人の運命を変える「きっかけ」は、なぜか、よく「扉」にたとえられます。

これから紹介するのは、本当に「扉の向こうに人生を変えるきっかけがあった」というお話。

主人公は、国民的タレント、タモリさん。

彼はもともと、博多でいろいろな職業を転々としていた「ただの人」。

その彼が、タレントの道を歩み出した「きっかけ」は「ある扉」が偶然に開いていたからでした。


博多でジャズフェスティバルが開催された、ある夜のこと。

ホテルで知人と酒を飲んだタモリさん。

翌日の仕事に備えて帰ろうとして、ホテルの廊下を歩いていると、とても騒がしい部屋の前を通りかかりました。

ドアが開いていたので、中をのぞいて見ると、なんと、そこにはジャズフェスティバルの出演者であるピアニストの山下洋輔さんとその仲間たちがいるではありませんか！

その彼らが、頭にゴミ箱をかぶって虚無僧《こむそう》のマネをして大騒ぎをしている。

そのバカ騒ぎを見たタモリさん。

「これは自分と波長が合っている！」と直感します。

そして、ズカズカと部屋に入っていって、そのゴミ箱を奪うと自分でかぶり、虚無僧のマネを始めたのです。


驚いたのは中にいた男たちです。

何しろ、突然、部屋に入ってきた見知らぬ男が、「スットンキョウな時代劇ごっこ」に飛び入り参加してきたのですから……。

1人が、乱入してきたタモリさんへ、メチャクチャな韓国語で抗議します。

すると、タモリさんは、それに応えて、はるかにうまい「ウソ韓国語」で切り返す。

そうなると、もう、何しろ全員が酔っ払いですから、「なんだ、コイツ、面白いぞ！」ということになって、そのまま、タモリさんをバカ騒ぎの仲間に入れてしまったのです。

結局、そのまま、4時近くまで、「ニセ韓国語時代劇ごっこ」をしていたタモリさん。

次の日……というか、もう「その日」ですが、仕事があることを思い出して帰ろうとします。そのときになって、はじめて、山下洋輔さんは乱入者に対して、こう聞いたのです。

「ちょっと待った、あんた誰なんだ？」

「私は森田と申します」

これが、タモリさんが上京する「きっかけ」でした。

半年後、再び博多を訪れた山下さんが、「あのときのモリタをさがせ！」と大捜索を行い、見つけたタモリさんを東京に呼び寄せたのです。

ちなみに、東京行きのチケットが送られてきたとき、タモリさんは30歳。

偶然にも、「30歳になったら、今、やっていることをすべてやめよう」と前から決めていて、ちょうど、まったくのフリーになっていたのだそうです。


東京に呼び寄せられたタモリさんは、飲み会で初めて赤塚不二夫さんと出会います。

山下さんからタモリさんの面白さを聞いていた赤塚センセイでしたが、最初の印象は、「ホントに、こんなさえないヤツが面白いのか？」でした。

でも、彼が「アメリカ人と中国人と韓国人とベトナム人が麻雀をやっているところのマネ」を披露した途端、その芸のすごさに舌を巻くことになります。

結局、その日の飲み会は、タモリさんがメンバーからの「中国人のターザンが産気づいたところ」など、ムチャクチャなリクエストを即興で演じる独壇場になりました。

延々、6時間くらい飲んだあとで、赤塚さんが「おまえ、今日、泊まるところがないなら、俺んちに泊まりな」と声をかけて、赤塚家への「伝説の居候生活」がスタートしたのです。

あの日、**開いていたホテルの部屋の扉は、タモリさんにとって、まさに「運命の扉」、「きっかけの扉」**でした。

実はこのとき、タモリさんがこのホテルにいたのは偶然ではなく、ジャズファンだった彼が、山下さんたちが宿泊しているホテルに様子を見に行った……というのが真相のようです。

もし、その話が本当なら、タモリさんは、自らの意志で「きっかけの扉」を引き寄せた、と言えるかもしれません。

神様は、あちこちに「運命を変えるきっかけの扉」を用意してくれています。

それに気がつくかどうか、その扉を開けるかどうかはあなた次第なのです。

参考『赤塚不二夫対談集これでいいのだ。』赤塚不二夫著 MF文庫ダ・ヴィンチ
『赤塚不二夫120％』赤塚不二夫著 小学館文庫
『心が折れそうなときキミを救う言葉』ひすいこたろう・柴田エリー著 ソフトバンク文庫

「きっかけ」は、ちょっとしたタイミング

春風亭昇太の「閉まっていた扉」

「あいつの落語、なんであんなにオモロイねん！」


笑福亭鶴瓶師匠の言葉です。

鶴瓶さんが「あいつ」と言っているのは、春風亭昇太師匠のこと。

今や、あの人気番組「笑点」の司会者！

押しも押されもせぬ、人気落語家ですね。

でも。

もし、「ある扉」が開いていたら、この人気者は誕生しなかったかもしれないのです。

タモリさんは「開いていた扉」が「きっかけ」になりましたが、昇太さんの場合は、「閉まっていた扉」が、落語家への道を進む「きっかけ」になったのです。

それは、彼が大学生になって間もない頃のこと。

クラブ活動でもやろうかなぁ……と思った昇太さん。

その能天気な名前に惹かれて「ラテンアメリカ研究会」に入ろうと思い、部室を訪ねたのだそうです。

ところが……。

部室の前まで行ってみると、扉が閉まっている。

偶然にも、そのとき、「ラテンアメリカ研究会」のメンバーが部室にいなかったのです。

部室の前で、「どうしようかな」と、たたずんでいた昇太さんに声をかけたのは、「ラテンアメリカ研究会」のすぐ隣に部室があった、落語研究会のメンバーでした。

「戻ってくるまで、ここでお茶でも飲んでけば？」

この言葉に誘われて落語研究会の部室に入ったことが、昇太さんの「人生を変えるきっかけ」になりました。

いただいたお茶を飲みながら、落語の稽古を見ていた昇太さん。

「なんか、こっちの方が楽しそうかな」と思えてきました。
そして、それまで落語にはまったく興味が無かったのに、そのまま、落語研究会に入部してしまったのです！

その後、テレビ番組の「大学対抗落語選手権」で優勝するなど、才能が開花し、プロの落語家に。

もし、あのとき、「ラテンアメリカ研究会」の部室の扉が開いていたら……。

「今頃は、ミス・メキシコと結婚して幸せに暮らしていたかも」（独身時代の本人談）

まさに、運命の分かれ道。人生は、ほんの紙一重の差で変わっていくのです。

では、もう1つ、「きっかけの扉」の話をしましょう。

今度の「扉」は、なんと、トイレの扉です。

2009年に、パフォーマンスグループ「WORLD ORDER」を結成し、一世を風靡《ふうび》した須藤元気さん。

「WORLD ORDER」って、ほら、スーツをピシッと決めたサラリーマン風の男たちが、街角などで機械的なダンスを披露していた、あの集団です。2019年6月で活動を休止しましたが、覚えていますでしょうか。

現在は政治家にもなっている須藤さんは、もともと「変幻自在のトリックスター」と呼ばれた格闘家でした。

それは、まだ、須藤さんが格闘家として人気者だった頃のある日のこと。

彼は朝からずっと悩んでいました。

悩みの内容は、「格闘家を引退してパフォーマンスの道に進むべきかどうか？」。

それまでも、リングへの入場の時に、パフォーマンスは行っていたのですが、「パフォーマンスの道へ本格的に進みたい！」との思いが、日々、強くなっていたのです。

「今日こそは、悩みに結論を出そう！」と心に決めて、あてもなく街を歩き、考え続ける須藤さん。

いくら考えても、なかなか「答え」は出ません。

そのうち、「答え」は出ないのに、「オシッコ」を出したくなってしまった須藤さんは、目についた公衆トイレへ駆け込みます。

トイレで用を足し、ふと目の前を見た須藤さん。

目の前の壁に、ある言葉を見つけてガクゼンとします。

なんと！　そこには、須藤さんが一日中探し求めていた「答え」が、ハッキリと表示してあったのです。

それは、こんな、ひと言でした。

「一歩前へ」

この「トイレの注意書き」を見た須藤さんは、「答えがあった！」と雷に打たれたように感じたとか。

こうして、「トイレの注意書き」に後押しをされた彼は、格闘家として全盛期だったにもかかわらずあっさりと引退。本格的にパフォーマンスの道へと歩み出したのです。

もし、須藤さんが入ったトイレに「注意書き」が掲示されていなければ……。「パフォーマンスの道に進む」という須藤さんの考えは、オシッコとともに、水の泡と消えていたかもしれません（汚くて失礼！）。

扉を開けるとき。とくに「初めての場所」に入るときは、「ジャジャジャジャジャーン」て、心の中で『運命』を奏でながら、心して扉の中に入ってください。

それは、あなたにとって、人生を変える、「きっかけの扉」になるかもしれないのですから……。

参考
『楽に生きるのも、楽じゃない』春風亭昇太著 新潮社
『落語を聴くなら春風亭昇太を聴こう』松田健次著 白夜書房
『笑う脳』茂木健一郎著 アスキー新書

話しかける勇気が運命を左右する

小山薫堂の「隣に座った老人」

かつて、アメリカのアカデミー賞（外国語映画賞）を受賞した映画『おくりびと』の脚本や、「くまモン」の仕掛け人として知られる脚本家、放送作家、企画会社社長の小山薫《こやまくん》堂《どう》氏。

これは、氏が経験した、「きっかけ」に関する2つのエピソード。

「勇気が出なくて失敗した話」と「勇気を出して幸運を手にした話」です。

では、まず失敗談のほうから……。

あるとき、薫堂さんはホテルの料理店で、知人たちと待ち合わせをしていました。

と、1人のアメリカ人らしきおじいさんがやってきて、薫堂さんにニコッと微笑み、小さく会釈して、隣の席に座ります。

その後も、注意していると、どうも自分のほうをチラチラと見ている……。

「このおじいさん、僕のことを知っているのかな……?」

そんなふうに思い始める薫堂さん。

「話しかけてみようかな……。でも、英語が通じなかったらハズカシイ……」

いろいろと考えて迷って二の足を踏んでいるうちに、待ち合わせていた友人たちがやってきてしまいました。

結局、その日は、謎のアメリカ人らしき老人に話しかけることなく、そのお店をあとにしたのです。

さて、その翌日。

テレビを観ていた薫堂さんは、驚きの声をあげます。

なんと、昨日の謎の老人の顔が、テレビ画面に大写しになっているではありませんか!

そして、画面下には、老人の名前が。

その、謎のおじいさんの正体。

それは……。

名優クリント・イーストウッド！

昨晩は、映画のプロモーションで来日していたクリント・イーストウッドが、偶然、プライベートでホテルの料理店に来ていたのです。

「昨日、少しだけ勇気を出して話しかけていたら……」と後悔する薫堂さん。

もしかしたら、「ハリウッドでボクと一緒に仕事をしませんか？」という、壮大なストーリーが幕を開ける「きっかけ」になったかもしれなかったのに！

そもそも、薫堂さんは、著書のなかでこんなことを言っています。

「僕は常々、**『やる』か『やらない』か、迷ったら『やる』方を取るべきだと思っています。**『やらない』ならチャンスはゼロ。でももし、『やる』を取れば、ゼロかもしれないけど、ゼロではない可能性があるからです」

このとき、薫堂さんが後悔したのは、クリント・イーストウッドとつながりを持つ「きっかけ」を逃がしてしまったことよりも、普段、自分がそんなことを思っているにもかかわらず、「声をかけなかった自分が不甲斐なかったから」だったのです。

さて、続いて、薫堂さんの２つ目のエピソード。今度の話は成功談です。

薫堂さんが、銀座の寿司屋で、たまたま外国人客と2人きりになったときのこと。

どうも、日本語がわからなそうなそのアメリカ人らしき外国人客。

気にして見ていると、注文するものが、クチコとかアワビの肝とか日本人よりもマニアック。

しかも、薫堂さんのほうを見て「あれと同じものを」なんて注文までしている。

その外国人客におおいに興味を持った薫堂さん。

そのときも、実は一瞬、「英語が通じなかったらカッコ悪いな」と思いましたが、勇気を出して話しかけたのです。

すると、すっかり意気投合。

その日はそのまま別れましたが、数日後に「また仕事で東京に行くので美味しいお店を紹介して欲しい」というメールが届いたのです。


そのメールに応えて、次に会ったとき、月島の焼き肉屋を案内する薫堂さん。

その後、そのアメリカ人（名前はランディさん）が日本に来るたびに、薫堂さんは彼に美味しいお店でご馳走をする……という関係になっていったのです。

「ロサンゼルスに来たら、ぜひウチに来てくれ。お返しをしたいから」

そう言われていた薫堂さんは、たまたまLAに行く機会があり、教えられていた住所を訪ねて肝をつぶします。ビバリーヒルズにあるランディさんのお宅は、映画に出てくるような、大豪邸だったのです！

その後、『おくりびと』がアカデミー賞にノミネートされたことを知ったランディさんから、「ぜひ、社員を連れてウチに来てくれ。パーティーを開いて、みんなで（アカデミー賞授賞式の）テレビを観よう！」というセレブな誘いを受けます。

そして、授賞式の当日。

薫堂さんは、自分が脚本を書いた映画がオスカーを得た瞬間を、ビバリーヒルズの豪邸で開かれたパーティーの中で迎え、社員の皆と喜びを分かち合うという「夢のような時間」を過ごすことができたのです。

もし、あの日、寿司屋で偶然一緒になったランディさんに声をかけていなければ、薫堂さんに、そんな「夢のような時間」が訪れることはありませんでした。

他人に声をかけるときは、もちろん、「時」と「場所」と「相手」を選ぶ必要はあります。それらを考慮した上で、「話しかけようかな……」と思ったときは、勇気を出して話しかけてみましょう。

実は私も、あるセミナーで、ほんの少しだけ勇気を出して話しかけたことで、本の執筆につながったことがあります。

「話しかける」という、そのちょっとした勇気が運を引き寄せて、「マジどん」を抜け出すきっかけになることがあるのです。

参考『つながる技術』小山薫堂著 PHP研究所
『小山薫堂 幸せの仕事術』小山薫堂著 NHK出版

「自分の目で確かめる」ことが大切

司馬遼太郎が歴史小説を書き始めた「理由」

日本を代表する歴史小説家、故司馬遼太郎氏が「歴史小説を書き始めたきっかけ」は、実はとても意外なものでした。

「もと新聞記者だった司馬さんが、偶然、歴史の波のなかに埋没していた知られざる偉人の資料を見つけて魅せられたから」とか、そんなカッコイイ理由ではなく、実際はもっと、オドロオドロしい「きっかけ」だったのです。

ちなみに、この「司馬遼太郎」という名はペンネーム（本名は福田定一《ていいち》）で、『史記』の作者、司馬遷《しばせん》をリスペクトしたもの。

「司馬遷には遠く及ばない日本人」という意味だとか。

ちょうど、手塚治虫に憧れていた藤子不二雄のFさんとAさんの2人が、いっとき「足塚不二雄」というペンネームを使ったようなものですね。

さて。

司馬さんが歴史小説を書き始めた「きっかけ」に話を戻しましょう。

ズバリ、その「きっかけ」は……。


日本が戦争に負けたから!


日本が敗戦を迎えたとき、司馬さんは22歳の若者でした。

その少し前、従軍していた彼は、あるとき、日本軍の戦車をやすりで削ってみたことがありました。

そうしたら、簡単にキズがついた。

「こんな戦車を作っているようでは、日本は必ず負ける」

そのとき、司馬さんはそう確信したのです。

その後、アメリカ軍による空襲で戦況が悪化するなか、司馬さんは、上官に質問します。

「空襲から逃れて東京からやってくる民間人と、東京へ向かうわれわれ戦車の部隊が街道で鉢合わせをしたらどうしますか?」

司馬さんからこう質問された上官。しばらく考えてこう答えたそうです。

「ひき殺して進め」

このひと言で、司馬さんの軍部への不信感は決定的なものになったといいます。

司馬さんは、自分が考えたとおりに日本が敗戦し、しみじみと考えます。

「なぜ、自分はこんな馬鹿なこと(=アメリカとの戦争)をする国に生まれたのだろう?」

「いつから日本人はこんなに馬鹿になったのだろう?」

「昔は、たとえば、明治時代は、あるいは、江戸時代は、さらにそれ以前は、こんな馬鹿なことをする国ではなかったにちがいない」

なんと、日本を代表する歴史小説家は、**「日本人が馬鹿ではなかった証拠を自ら調べて、書き連ねたい」**と、そんな思いから歴史小説を書き始めたというのです。

司馬さんは、「そのことを検証することに、私は半生を費やしました」と語っています。

図らずも、そんな、ある意味、不純な動機が、敗戦という「マジどん」から、司馬さんを国民的な作家へと導いたのです。

もう1人、国に裏切られたことが「成功へのきっかけ」になった人物を紹介しましょう。

その名は立川談志。

今は亡き、あの毒舌落語家、談志師匠、その人です。

談志師匠は、とにかく**「自分の目で見たもの以外は信用しない人」**でした。

その著書のなかで、「テレビはヤラセ。新聞はウソ」と言い放っています。

曰く。

「物事ってなァ自分で見たものだけが『本物』だ。アトは全部、ウワサ話よ」

そもそも、談志師匠が、ここまで人の話を「頭から信用しない」ようになったのには、「きっかけ」があります。

その「きっかけ」。それは、奇しくも司馬遼太郎さんと同じ……。

「日本の敗戦」でした。

子どもの頃、談志師匠は、日本軍が連戦連勝を続ける大本営発表（＝当時の軍部の戦況報告）を信じ切っていました。

なのに、なぜか、日本の本土は簡単に空襲を受けた。こんなに無敵のハズの日本の軍隊は、なぜ、空襲を止められないのか？

まだ小学生だった談志少年は、東京大空襲を経験し、その目で、耳で、「地獄」を経験しました。

「日本は戦争に負けない」という最大のウソを、身をもって経験してしまったのです。

それが、「自分の目で見たもの以外は簡単に信用しない」という考え方につながり、落語においても、シニカルな語り口へと昇華されていったのです。

「自分が見たもの以外は信用しない」というのは、はっきり言って暴論でしょう。

しかし、「常識を疑うことの大切さ」を再認識させてくれる言葉でもあります。

若き日の司馬遼太郎氏をつき動かして、国民的な作家にまで押し上げたのも、「自分の目で確かめる」という、やむにやまれぬ思いだったのですから……。

最後に、談志師匠の著書に出てくる、落語のような会話。

「地球は丸いんですよ」

「ほう、お前はそれを確かめたことがあんのか?」

「地球儀を見ればワカりますよ」

「お前、まさか文房具屋に売ってるものを信用してるンぢゃねえだろうな?」

参考 『司馬遼太郎が考えたこと14』司馬遼太郎著 新潮文庫
『立川談志が遺した名言・格言・罵詈雑言』久田ひさ・辺見伝吉著 牧野出版
『世間はやかん』立川談志著 春秋社

「ありがとう」と「おかげさまで」は魔法の言葉

「成功」は誰のおかげ？

「10倍伝わる話し方」セミナー代表・講師として、「話し方セミナー」の開催やイベントの司会、さらにテレビ番組キャスター、舞台役者と、八面六臂《はちめんろっぴ》の活躍をされている渡辺美紀さん。近年は、落語家に弟子入りし、「林家きなこ」という名で高座に出ることもあり、活動の場を広げています。

今でこそ「コミュニケーションの達人」として著書もある彼女ですが、社会人になりたての頃は、「失敗の連続」だったそうです。

これは、彼女が、人との関係を最良にするための「魔法の言葉」を知った「きっかけ」になった話です。

渡辺さんが最初に就職したのは外資系の食品メーカーでした。

彼女の仕事は営業のサポート。

営業が使う商品サンプルを用意したり、ときには「食品のフェア」を企画したりと、そんな仕事です。


事件は、ある日、起こりました。

本社とのちょっとした確認不足で、ある大手スーパーとの商談に必要な商品サンプルが手元に届かなかったのです。

商談は明日。そして、必要なサンプルの数は120。

商品の画像はあるので、なんとか手作りすることはできますが、1つ作るのに5分はかかります。

つまり、単純計算で、完成までに10時間もかかってしまうということです。


「終電までに終わるだろうか……」

そんなことを考えながら画像を出力して、それをハサミで切り、黙々と商品に貼っていく彼女。

絶望的な気分で作業を続けている彼女を見かねて、周りの人たちも手を貸してくれます。

なんとか作業は終わったものの、彼女は仲間に迷惑をかけてしまったことが申し訳なくて、すっかり小さくなっていました。

そのとき。

1人の先輩社員が彼女にこう言ったのです。

「渡辺さん、今日は手伝わせてくれて、ありがとう。いつも渡辺さんがしていることがどれだけたいへんかよくわかったよ。いつもありがとう！」

その言葉に驚き、感動する渡辺さん。

手伝ってもらったのは自分のほうなのに、逆にお礼を言ってくれるなんて！

「これからは、この先輩に何か頼まれたら、最優先でやろう」と思います。

そして、この瞬間に、ハッと気がついたのです。

そういえばこの先輩は、どんなときでも、いつも周りの人たちに、気持ちよく動いてもらっている！

相手に非があるときこそ「ありがとう」で返す。

納期が遅れるという連絡をもらったら、「わざわざ連絡をくれてありがとう」。

打ち合わせに遅れてきた人には、「予定が詰まっているのに、来てくれてありがとう」。

「これは魔法の言葉だ！」と彼女は悟ったのです。

渡辺さんの体験談をもう1つ。

今度は、あるデパートで、彼女が提案した「イタリアン冷凍食品フェア」の企画が採用になったときのこと。

冷凍ピラフなどの注文を500ケースもいただくことができて、意気揚々と上司に報告した彼女。

しかし、浮かれた気分は、上司の次のひと言で消し飛んでしまいました。

上司は、段取りを踏むことなく、大量注文を受けてきた彼女にこう言ったのです。

「で、その搬入は誰がするんだ？」

納品する冷凍食品の総量は5トンにも及びます。

納品口から食品売り場まで運ぶのに、1回で運べる量を考えると、1人では、12時間半もかかる計算です。

途方に暮れた彼女。

「なんとか搬入を手伝っていただけませんか」とチーム内の仲間に頭を下げてまわりました。

そして、迎えた「イタリアン冷凍食品フェア」の当日。

彼女のピンチに集まってくれた全員が汗だくになって、搬入は2時間で終えることができたのでした。

苦労の甲斐があって、その日のフェアは、用意した商品が飛ぶように売れて大成功。

他部署の人から、「あのフェア、君が企画したの？　すごいねぇ」と褒められた渡辺さん。

無事にフェアを開くことができた喜びもあって、つい「はい、ああやって、こうやって、私がこんなに頑張ったから開催できたんです」と得意げにペラペラとしゃべってしまったのです。

そのやりとりを聞いていた上司から、彼女は、あとで、こうたしなめられたそうです。

「あのフェア、開催できたのは、チームのみんなが、忙しいなか、予定を調整して集まって、汗だくで搬入を手伝ってくれたからでしょ。それを、自分1人が頑張ったみたいな意識でいたら、次からは誰も動いてくれなくなるよ」

上司のこの言葉を聞いた渡辺さんは、猛烈に反省しました。

そして、**「うまくいったときこそ、一緒にやってくれた人たちのおかげ」**と思うことを忘れず、**「感謝の気持ちを口に出して伝えるようにしよう」**と誓ったのでした。

「ありがとう」と「おかげさまで」は、人と人の関係を良好にする魔法の言葉です。

コミュニケーションの達人、渡辺さんがその「魔法の言葉」を知った「きっかけ」は、新人時代のちょっとほろ苦い経験だったのです。

参考『たった一言伝え方を変えるだけで、仕事の9割はうまくいく』渡辺美紀著 中経出版

たった1本の電話でも人生は変わる「伝説のコンビ」誕生の裏側

たった1本の電話が「マジどん」から抜け出すきっかけになることがあります。

これは、そんな「運命の電話」の話。


かつて、大人気を誇った伝説のコンビ、「コント55号」。

言うまでもなく、萩本欽一さんと故坂上二郎さんの2人組です。

舞台で、あうんの呼吸で、ほぼアドリブに近いコントをやっていた2人ですが、もともと、この2人は「友達」ではなく、「ライバル」だったそうです。


欽ちゃんが二郎さんと出会ったとき、二郎さんは、浅草のフランス座という劇場のリーダー格でした。

そこに、若くて人気者の欽ちゃんが格下の劇場から「主役格」で上がってきた。

当時の二郎さんにしてみれば、「なんだコイツ、生意気な！」と思ったことでしょう。

一方の欽ちゃんも、最初に二郎さんを見たときから、「最強のライバル」だと思ったそうです。

そんな2人ですから、最初は激しくぶつかり合いました。

何しろ、舞台で欽ちゃんがアドリブを飛ばすと、二郎さんは、何だかんだとそれにカラんで、つぶそうとしてくる。

言葉の応酬だけではなく、それこそ体ごとぶつかり合った。

2人のライバル心を知らない観客は、それを観て大笑いしていたそうですが……。


さて。

劇場では大人気の欽ちゃんでしたが、あるとき、テレビの生CMに呼ばれて、大失敗をしてしまいます。

なんと、生番組のなかで、簡単なセリフを19回もトチってしまったのです。

実は、極度のアガリ症の欽ちゃん。

そうそうたる出演陣にすっかりビビってしまい、この日はテレビ局に入ったときから足の震えが止まらなかったとか。

しかも、テレビのCMではアドリブはご法度。セリフをそのまま言わなければならないという、欽ちゃんにとっては一番苦手なタイプの仕事で、生来のアガリ症が出てしまったのです。

当然、生CMはこの1回だけでクビになり、逃げるように浅草に戻りました。

ショックは大きく、まさに「マジどん」状態に。

声をかけてくれる人がいて、それからしばらくは熱海のホテルに住み込んで専属のコメディアンをやりながら静養したのだそうです。

毎日、海を見て過ごし、なんとか元気を取り戻した欽ちゃん。「一から出直しだ」と思いを新たにして浅草に戻ります。

「運命の電話」があったのは、欽ちゃんが浅草に帰ったちょうどその日でした。

電話をかけてきたのは、最大のライバル、二郎さんです。

意外な相手からの意外な電話。

「あっ、二郎さん？　オレずっといなかったんだけど、何度か電話してくれた？」

「ううん、してない。どっか行ってたの？」

「熱海で2か月間仕事してたの。でも新しいネタを思いついたから浅草でやってみようと思って、今帰ってきたところ。二郎さんはどうしてるの？」

「いやあ、今日はヒマだからさ、欽ちゃんがうちに遊びに来ないかなと思って」


実は、この電話の前に、二郎さんのほうも、テレビにエキストラで呼ばれて、さんざんイヤな目にあったばかりだったのです。

テレビで傷ついた二郎さんの頭に浮かんだのは、同じくテレビで傷ついたライバル、欽ちゃんの顔でした。

そんな思いから電話をかけた日が、偶然にも、欽ちゃんが東京に戻った日だったのです。

その日、二郎さんのもとを訪ねた欽ちゃんは、熱海で思いついたコントのアイデアを二郎さんに話しました。

ずっと話を聞いていた二郎さん。

欽ちゃんのアイデアを聞き終わると、真面目な顔でこう言ったのです。

「欽ちゃん、それ面白いけどさ、1人でやるの難しくない？　オレ、一緒にやろうか？」

伝説のコンビ、「コント55号」誕生の瞬間です。

欽ちゃんは、その著書のなかでこう言っています。

「それにしても二郎さんが電話してくるタイミングが絶妙でしょ？　あの日、あの時間でなければ、コント55号はぜったいに生まれていなかった」

そして、こう締めくくっています。

「最大のライバルが、ボクに運を持ってきてくれたんです」

電話があった時間もそうですが、もし、二郎さんから「うちに来ない？」と言われた欽ちゃんが、その誘いに乗らずに二郎さんを訪ねていなければ、「コント55号」は誕生しませんでした。

ここで、再び、冒頭の言葉です。

たった1本の電話が「マジどん」から抜け出すきっかけになることがあります。

最近は、電話よりもメールのほうが多いでしょうね。

私が本を書く「きっかけ」になったのも、出版プロデューサーをしている人からの1本のメールでした。

偶然がいくつか重なったメールだったのですが、二郎さんが欽ちゃんにかけた電話のように、「このタイミングしかない」というタイミングでのメールだったのです。

もし、このメールが無ければ、私は今でも、本を書いてはいなかったと断言できます。

たった1本の電話やメール。

それは、あなたの人生にとって「偶然」ではなく、人生を変える「必然」なのかもしれません。


参考『ダメなときほど運はたまる』萩本欽一著 廣済堂新書

迷ったときは、初心を思い出す
行列ができるかき氷屋の「運命の日」

神奈川県の鵠沼《くげぬま》海岸に、「埜庵《のあん》」という名の「かき氷専門店」があります。

店のウリは、こだわり抜いた氷を熟練の「削り人」が削り、本格的なシロップをかけていただく「究極のかき氷」。この味に魅せられたお客が、わざわざ「かき氷を食べるためだけ」に遠くから足を運ぶという人気店です。

あなた、今、「かき氷の専門店てさぁ、夏はいいけど、冬はどうするの?」って思いましたね……。

ご安心ください。

なんと、この「埜庵」。**夏だけでなく、冬にも行列ができるというお店**なのです!

ご主人の名は石附浩太郎《いしづきこうたろう》さんといいます。

「美味しいかき氷を出す店」を作りたくて、会社を辞めてしまったという「かき氷馬鹿」です。

でも、この「埜庵」。

最初から繁盛店……というわけではありませんでした。

石附さんは、かき氷に使う氷や、その削り方、上にかけるシロップなどを研究し、「美味しいかき氷を出す自信」はあったそうです。

しかし、お店を始めてみると、**「美味しいモノを出せばお客さんは来てくれる！　というほど商売は甘くない」**と気がつくのにそう時間はかかりませんでした。

お店のスタート時は、言ってしまえば「マジどん」だったのですね。

夏はまだいいのです。

でも、冬はかき氷だけでしのぐことはできません。

寒くなると、おしるこやビーフシチューなども出して頑張っていたのです。

そんな、石附店長にとっての「運命の日」。

それは、鵠沼にお店を出して、3年目のある秋の日でした。

その日。

1日のお客の数は全部で24人でした。

売り上げの合計額は2万8550円。

主な注文品は、ハヤシライス、おしるこ、あんみつなど。

1日の売り上げをチェックしていて、石附さんはふと気がついたのです。

その日のかき氷の注文数は……。

ゼロ！

この結果を見て、普通の店長なら、「やっぱり、秋になるともうかき氷は売れない。明日からかき氷はやめよう」って考えるでしょう。

でも、石附さんはまったく逆の考えに至ったのです。

かき氷の注文が1杯もなかったその日の夜。石附さんは真剣に考えました。

そもそも、**自分は何のために会社を辞めたのか？**
それは、「美味しいかき氷を出す店」を作るためではなかったのか？
それなのに……。
今日、この店では、たった1杯のかき氷も注文されなかった。
かき氷屋なのに！
美味しいかき氷を出すかき氷屋だったはずなのに！
いったいどこで間違ってしまったのか？
いや……。
もし、**どこかで間違ってしまったのなら、正しい道に戻せばいいんだ！**

考え抜いて出した結論。
それが**「冬でも、かき氷以外は出さない、かき氷の専門店」**でした。

余談ですが、「かき氷専門店」になった途端、最初の夏に常連さんたちがパッタリと来なくなったのだそうです。

夏ですから、お客はそれなりに来るのですが、なぜか、それまでの常連さんたちが来てくれない。

もしかしたら、お店のサービスが落ちたのだろうか……と不安になる石附さん。

でも、それは取り越し苦労でした。

常連さんたちは、皆、こう考えていたのです。


「夏は自分たちが行かなくてもお客は来るだろう。でも、冬になったら、自分たちが行ってあげないと、お店がつぶれてしまうかもしれない。そんなことになったら、もう『埜庵』のかき氷が食べられなくなってしまう！」


そうです。

かき氷馬鹿、石附さんのお店は、常連さんたちから、ちゃんと愛されていたのですね。


真冬でも行列ができる、奇跡の「かき氷専門店」は、「かき氷の注文がゼロ」という、少し厳しい「きっかけ」によって誕生しました。

負の結果が、「初心を思い出すきっかけ」になり、「マジどん」を抜け出すきっかけになったという実例です。

参考『なぜ、真冬のかき氷屋に行列ができるのか？』川上徹也・石附浩太郎著 日本実業出版社

「なんの才能もない」と諦めない

ひすいこたろうの「宇宙一くだらない悩み」

神様は、人が生まれるとき、プレゼントを1つくれます。

そのプレゼントの名は、**「才能」**。


たとえば、5歳にして作曲をしたりする子がいますよね。あれが才能です。

たぶん、前世の記憶が残っていて、人から教えてもらわなくても、生まれる前から「持っているもの」で、幼くして、あっさりとできてしまうのです。

私の場合は、たぶん、「何かを書いて（描いて）、人に楽しんでもらう」というのが才能なのだと思います。何しろ、小学生の低学年の頃から、ノートに漫画を描いては、友達に見せていましたから……。

この「自分の才能」を見つける目安は、**「子どもの頃から好きで、何時間やっていても、**

まったく苦にならないこと」です。

でも、多くの人は、この「神様からのプレゼント」に、なかなか気づくことができません。そして、「自分には、なんの才能もない」って、諦めてしまう。

自分がいったい、何に強いのか？　それを認識して、活かすことは、「マジどん」から抜け出すきっかけになります。

ちなみに、この「持って生まれた才能」を活かした仕事が、いわゆる「天職」。

自分の「才能」がわからなければ、当然、「天職」もわかりません。

もったいない話です。

さて、これは「宇宙一くだらないこと」で悩んでいる自分に気がついて、「天職」を見つけることができた人の話です。

その人の名は、ひすいこたろう。

本を書くことになったとき、「こんな本を書いてもいいんだ」と私に気づかせてくれた、私にとってのメンターの1人です。

ひすいさんは、自ら「天才コピーライター」を名乗り、数々の本を出版しているセラピスト。とにかく本を作ることが大好きで、講演で、「本を作っているときが一番幸せ」とおっしゃっていました。

そんな、ひすいさんですが、実は子どもの頃は「書くこと」が大嫌いだったのです。

最初の仕事も、「物書き」とは程遠い営業マン。

まだ、ぜんぜん、自分の「才能」に気がついていませんでした。

営業マン時代のひすいさんは、その人なつっこくて明るい性格を活かし……と言いたいところですが、実は、ひすいさん、自他共に認める「赤面症で人見知り」。

営業という仕事に、自信を持って「ぜ〜んぜん、向いていない！」と言い切れる性格でした。

それなのに、「何かの間違い」で、通販会社に商品を売る営業マンになってしまった彼。

お客さんの前で商品の説明をしようとしても、赤面するわ、しどろもどろになるわで、もう、「売れる」とか「売れない」とかいう以前の問題。

とにかく、ぜんぜん売れませんでした。

「マジどん」状態で、悩みながら営業の仕事を続けていたのです。

ある日のこと。
ひすいさんにとって、「運命の瞬間」が訪れます。

その日も、懸命にお客さんの前でヘタクソな商品説明をしていました。
ふと見ると、目の前のお客さんは、コックリコックリ。
あまりにもツマラナイ説明に、居眠りをし始めていたのです。
そのお客さんの姿を見たひすいさんは、ここで悩みます。
「説明を中断しようか？　それとも、続けようか？」
そんなことを考えた瞬間でした。
ひすいさんの頭のなかに電撃が走りました。
そして、こう思ったのです。

「あっ、オレ、今、宇宙で一番くだらないことで悩んでる！」

いったい自分は、今、ここで何をしているのか？

ひすいさんの中で、何かが弾けたのです。


このとき以来、ひすいさんは営業の作戦を変えます。

「通販で売れている商品」の広告ページをストックして、その内容を書き写し、自分に合ったやり方で広告を学び始めたのです。

もう「書くことが嫌い」なんて言っていられません。

懸命に学びました。

そして、**毎週1回、お客様へ「商品広告」のＦＡＸ通信を始めた**のです。

まだ、電子メールなんてありませんから、ＦＡＸを使って、お客様へ定期的に自作の広告を送るようにしたのですね。

すると、それを見たお客さんから、だんだんと手ごたえが……。

いや、それどころではありません。


ＦＡＸ通信を始めて1年後には、なんと、ひすいさんの営業成績は、社内でトップになっ

てしまったのです！

経営学者のドラッカーは「自分の強みの上に築け」と言いましたが、それにしてもさすがは、のちに自ら「天才コピーライター」を名乗るひすいさんです。

「ＦＡＸ通信」だけでトップセールスになってしまうとは……。

「天才コピーライター」の看板に偽りなしです。

彼の場合、神様が与えていた「文章を書く才能」が、「マジどん」の状況と、「努力」によって開花したのですね。

いや～、ひすいさんの目の前で居眠りをしてくれたお客さん、大恩人ですね。

でも、きっと、その人は、自分が１人のベストセラー作家を世に送り出す「きっかけ」になったとは夢にも思っていないでしょうね。

参考『恋人がいなくてもクリスマスをワクワク過ごせる人の考え方』ひすいこたろう・石井しおり著 祥伝社黄金文庫

自分以外の誰かのために「本気」になる
トム・ワトソンが起こした奇跡

「マジどん」から抜け出す、「きっかけ」の話を紹介してきたＰＡＲＴ１のラストは、「もっとも奇跡が起こりやすいきっかけとは？」」……という話です。

あなたは、トム・ワトソンというプロゴルファーをご存じでしょうか？

１９４９年、アメリカ生まれ。

マスターズや全英オープンなどのメジャー大会で、通算８回もの優勝を果たしている一流プレイヤーです。

66歳のとき、２０１６年第80回マスターズへの出場が、最後のメジャー参戦となりましたが、実に長い間、第一線で活躍を続けたプロゴルファーでした。

さて。

これは彼が53歳のとき、２００３年に起こした「奇跡」についての話。

その当時の彼は、プレッシャーのために短いパットを外してしまうという精神的な病気（イップス）になってしまったこともあって、「マジどん」な状態でした。

メジャー大会で勝ったのは、１９８３年の全英オープンが最後。

もう30年以上も前の出来事です。

ゴルフ界では、「トム・ワトソンは、すでに終わっているゴルファー」とまで言われていました。

そんな彼が、奇跡を起こす「きっかけ」になったのは、彼を長年支え続けてきたキャディ、ブルース・エドワーズが難病におかされたこと。

プロゴルファーにとって、試合中に唯一、アドバイスをもらうことができるキャディは一心同体とも言えるパートナーです。

そのかけがえのないパートナー、ブルースに対して、医者が下した診断は、次のような、非情なものでした。

余命1年。

大きなショックを受けるワトソンさん。

ワトソンさんがブルースと出会ったのは1973年のこと。

途中、コンビを解消していた時期もありましたが、30年のつき合い。

そんな、かけがえのないパートナーが不治の病におかされてしまったのです。

失意の中で、彼はある決心をします。

それは、**「次の全米オープンで、初日、絶対にトップになる」**というもの。

たとえ優勝はできなくても、初日だけでもトップに立てば、記者会見を開くことができます。

「その記者会見で、ブルースに感謝の言葉を贈ろう」

ワトソンさんは、その記者会見の場での感謝の言葉を、ブルースへの「はなむけ」にしようと決心したのでした。

この年、2003年の全米オープンにワトソンさんは招待選手として出場。

そしてブルースも病をおして、キャディをつとめました。

並々ならぬ決意で参加したワトソンさんでしたが、「予選通過すらアブナイ」というのが下馬評でした（プロゴルフの大会は4日間で行われ、スコアが悪い選手は最終日まで参加できず、途中で予選落ちになる）。

初日だけと言っても、ワトソンさんがトップに立つなど、常識的に考えれば、「夢のまた夢」だったのです。


しかし……。


この日のワトソンさんは、まるで二十数年前の全盛期を思わせるほどの絶好調ぶり。

あんなに苦しめられたイップスも、この日はどこかへ行ってしまいました。

7番ホールでは10メートルものパットを見事に決めるなど、神がかったプレーを続けます。そして、信じられないことが起こったのです。

「夢のまた夢」が「現実」になりました。

トム・ワトソンは、本当にトップで初日を終えてしまったのです！

その日の記者会見で、ブルースへの感謝の言葉を贈るワトソンさん。

名キャディ、ブルース・エドワーズが世を去ったのは、このわずか10か月後のことでした。

結局、この年の全米オープンを制したのは、ジム・フューリック。

ワトソンさんの最終順位は28位でした。

本当に、初日トップは、奇跡のような出来事だったのです。

まるでドラマのような話ですね。

でも、これは紛れもない真実。本当の話です。


人は、「自分のため」よりも、「誰かのため」に頑張るときのほうが、何倍も力を発揮することができます。

そして、**神様は、「自分以外の誰かのため」に本気になっている人へ「奇跡」という名のギフトをくれる。**

ワトソンさんに奇跡が起こったのは、「自分が勝ちたい」からではなく、「ブルースのためにトップに立ちたい」と考えたから……。

誰かを喜ばせたい。
誰かを笑わせたい。
誰かを幸せにしたい。

そんな思いを抱《いだ》いて、あなたが本気を出したとき。
きっと神様は手助けしてくれます。

「自分以外の誰かのために」は、「成功」への「きっかけ」であり「原動力」なのです。

PART 2

「マジどん」から抜け出す、一流の人の考え方⑩

PART2 はいよいよ本題。

「マジどん」から抜け出すための、一流の人たちの考え方です。

「こんな考え方」を持っている人は、「マジどん」から抜け出しやすい……という話。

いわば「マジどん」脱出のための「心の準備体操」です。

精神論にならないように、エピソードや名言を取り入れながらお話ししたいと思います。

「チャレンジしない」ことが「最大の悔い」になる
ジェフ・ベゾスの「挑戦」

「マジどん」から抜け出すための、一流の人たちの考え方。

その1つ目は、**「チャレンジ精神」**です。


「インターネット上の商取引において、世界で初めての成功例」とまでも言われることがある、「Ａｍａｚｏｎ．ｃｏｍ」。

この通販サイトの創設者は、ジェフ・ベゾスという人物です。

このジェフさん。アマゾンの元になるビジネス形態のアイデアを思いついたときは、某一流企業の副社長でした。

「このアイデアは絶対に成功する」と考えた彼は、社長に、「企業を立ち上げて、試してみたいビジネスアイデアがあるので、会社を退職したい」と申し出ます。

この突然の申し出に対して、有能な右腕を失いたくなかった社長は、懸命にジェフさんを引きとめ、「なんとか、あと2日、考えて欲しい」と説得します。

自分のチャレンジについて、ジェフさんは2日間、考え続けました。

そして、こんな答えを出すのです。


「この新事業のアイデアにチャレンジして、たとえ、失敗したとしても、自分は何ひとつ後悔しないだろう。しかし、もし、やらなかったら、80歳になっても後悔し続けるに違いない」


そう考えた彼は、一流企業の副社長という地位を捨てて、新事業に挑戦。

その結果は、あなたもご存じの通り。

「安定」を捨てて、新しい何かにチャレンジするというのは、とても勇気が要ることです。

一文無しになるだけならまだしも、借金が残るという事態だって考えられます。

ジェフさんのように、**「たとえ、失敗したって構わない」と思えるかどうかが、1つのポイントです。**

もし、自問自答してみて、「失敗してもいいからやってみたい！」という答えが出れば、もう、迷うことはありません。**「チャレンジ」は、「マジどん」から抜け出して、人生を変える絶好の「きっかけ」なのですから。**

多くの企業経営者からメンターとして慕われる福島正伸氏（アントレプレナーセンター代表取締役）は、こう言っています。

「後悔しない人生とは、挑戦し続けた人生である」
「『できなかった後悔』よりも、『やらなかった後悔』のほうがつらい」
「そもそも、挑戦し続けている人には、後悔をしている時間はない」

迷っている人の背中を強力に押してくれる言葉ですよね。

旺盛な「野心」で、自らの人生を切り拓いている作家の林真理子さんも、彼女のパワーの源を感じさせる、こんなことを言っています。

「したことの後悔は、日に日に小さくすることができる。していないことの後悔は、日に日に大きくなる」

私はかつて「アメリカ横断ウルトラクイズ」という番組でニューヨークまで行きました。その出場のために、まだ、新卒として会社に入ったばかりであるにもかかわらず、丸1か月も会社を休んでしまいました。

しかし、あの1か月で、その後の私の人生は、マインド面も含めて大きく変わったと思っています。そして、なんと、このわずか1か月の体験は、ウン10年経った今でも、初めてお会いする編集者の方と打ち解けるときに強力な武器になっているのです。

ジェフ・ベゾスさんの言葉を借りれば、もし、「ウルトラクイズ」への参加を諦めていたとしたら、きっと80歳になっても後悔し続けたような気がします。

「チャレンジするか、しないか」で迷ったときは、ぜひ、チャレンジしてください。

成功しても、失敗しても、チャレンジした方が絶対に後悔しませんから!

参考『夢が現実に変わる言葉』福島正伸著 三笠書房
『生き方名言新書1』林 真理子著 小学館

「やってみなければ、
成功するかどうかも、
わからない」

フィル・ナイト（「ナイキ」の創業者）

「失敗」を、未来への糧にする

若き日の「ショック」を活かした人たち

「マジどん」から抜け出すための、一流の人たちの考え方。

その2つ目は、**「失敗から学ぶ」**です。

元リッツ・カールトン日本支社長で、現在は、「人とホスピタリティ研究所」所長。研修や講演などの活動をされている、高野登氏が、まだ、ホテルマンだった頃の話。

あるご家族と自分の出身地である長野県の戸隠《とがくし》について話が弾んだことがあったそうです。

嬉しくて、つい、「戸隠に行ったら、ぜひ、名物のおそばを召し上がってください」と、5分ほど「おそば自慢」をする高野さん。

聞いているご家族の様子には、ぜんぜん気がまわりませんでした。

ずっと、おそばについての話をする高野さんに、奥様が申し訳なさそうに、こう伝えてきたそうです。

「ごめんなさい高野さん。うちの娘、そばアレルギーなの。おそばの話はちょっとツラくて……」

この言葉を聞いた高野さんは、頭をハンマーで殴られたような思いがしました。

あまりにもショックが大きくて、そのあと何の話をしたのかも、よく覚えていないほどでした。

この若き日の「失敗」が、高野さんにとっては、**「自分の薦めたいモノが、必ずしもお客様の望むモノではない」**という「当たり前だけれど忘れがちなこと」に気づく「きっかけ」になったのです。

仕事をしていれば、「失敗」はつきもの。

「失敗」したときは、たしかにツライ。

でも、その「失敗」が、大切なことに気づく「きっかけ」になります。

もう1つ、「一流の人」の若き日の「失敗」の話をしましょう。

今度の「失敗」は、ちょっと笑える話です。


現在は、企業の代表を務め、ビジネス書も出版されている石塚孝一氏が、証券会社や投資家たちに「株式の情報」を配信する会社に入社した初日にやらかしてしまった「大失敗」です。


朝の8時。

先輩社員たちは、外資系証券会社のアナリストたちから集めた最新の株式情報から、『株式市場動向分析ニュース』の原稿を執筆します。

そして、入社したばかりの石塚さんに、「パソコンのメニューに『外資系アナリストコメント』と打ち込んでアップしろ」と命じたのです。

スピードを意識し、パパッと入力して、ニュースを配信する石塚さん。

数万台の情報端末にニュースが流れて行った瞬間、先輩の怒鳴り声が響きました。

「おい！『アナリスト』が『アナルスト』になっているぞ！」

「分析家」のはずが、「肛門が好きな人」みたいになってしまったわけで、それはもう大惨事としか言いようのない、とんでもない大失敗です。

しかも、無情にも、先輩社員は彼にこう告げたのです。

「このシステムは古いから、いったん配信したら書き直しができないんだぞ！」

こうして、石塚さんの「恥ずかしすぎる失敗」は、その日、日付が変わるまでずっと垂れ流しにされてしまったのです。

この失敗は、「仕事は慎重にやるべし」と学ぶ「きっかけ」になりました。

でも、一方で、石塚さんはこんなことも言っています。

「誰でも失敗する。問題はそれを繰り返さないこと。むしろ、新人時代は、とんでもないミスをした方がいい」

その心は、「その方が、あとで話のネタになるから」。

半分ジョークでしょうが、人は「何もしないよりは、失敗をした方がよい」というのは事実です。

その証拠に、世の中には、「失敗を勧める名言」がたくさんあります。

「人間は2通りしかいない。それは〈成功者〉と〈失敗者〉ではない。〈成功も失敗もする人〉と、〈成功も失敗もしない人〉である」（中谷彰宏　作家・俳優）

「私は9000回以上シュートを外し、300試合以上に敗れた。決勝シュートを任されて26回も外した。人生で何度も何度も失敗してきた……。だから、私は成功できたんだ」（マイケル・ジョーダン　元プロバスケット選手）

「失敗は運の定期預金」（萩本欽一　コメディアン・タレント）

皆、「大いに失敗せよ」と後押ししてくれている言葉ですね。

ユニクロで成功を収めた柳井正氏は、**「人生は1勝9敗で十分」**と言っています。たとえ、10の施策のうち9失敗しても、たった1つが成功すれば、食べていけると……。

「失敗しなかった日は、何もしなかった日」という言葉もあります。

「マジどん」なとき、そこから脱出する「きっかけ」をつかみたければ、さあ、大いに「失敗」しましょう！

参考
『リッツ・カールトン一瞬で心が通う「言葉がけ」の習慣』高野 登著 日本実業出版社
『仕事は6倍速で回せ！』石塚孝一著 祥伝社
『昨日までの自分に別れを告げる』中谷彰宏著 ダイヤモンド社
『一勝九敗』柳井 正著 新潮文庫

「成功している自分」を妄想する

プロ野球、妄想の天才2人

「マジどん」から抜け出すための、一流の人たちの考え方。

その3つ目は、**「妄想する」**です。

「私はいつも、『成功』を想像してから仕事に取りかかる」（アインシュタイン　物理学者）

かの天才物理学者は、科学の問題に取り組む時にはいつも、この問題を解くとどうなるか、つまり成功している自分の姿を想像してから、作業に取りかかっていたそうです。

1つ前の項、「失敗から学ぶ」にご登場いただいた元リッツ・カールトン日本支社長の高野登氏は、**「ホラは夢の先取り」**と言っています。

その高野さん、設立に携わった支店ができたばかりの頃、スタッフたちに**「このホテルは、そのうちマスコミから取材を受ける一流ホテルになるから、今のうちに、取材のとき、どう答えるかを考えておいた方がいい」**と、冗談ではなく本気で言っていたそうです。

そうしたら、本当にたった5年で取材を受けるようなホテルに成長した。

「皆、すでにインタビューされている自分を妄想していたので、本当に取材が来たとき、とても流暢《りゅうちょう》に答えていました」とは高野さんのお話。

直木賞作家の林真理子さんは、自分が成功した理由についてこう言っています。

「田舎で生まれ育った器量も頭も悪い女の子が、どうしてこんなに人並みはずれて欲張りで野心を持つ人間になれたのかといえば、それは『妄想力』の為せる業なのではないかと思います。（中略）**妄想は自分を引き上げてくれる力になります**」

そうです！「妄想」は、未来を切り拓く「きっかけ」になるのです。

阪神タイガースや北海道日本ハムファイターズ、そしてメジャーリーグでも活躍した元プロ野球選手の新庄剛志《しんじょうつよし》さんは、現役時代、たとえばサヨナラのチャンスで自分の打順が近づいてくると、いつも**「自分まで回れ、自分まで回れ」**と頭の中で祈っていたそうです。

そして、本当に打席が回ってきたときは、サヨナラ打をはなって、自分がヒーローインタビューを受けている姿まで、**ありありと妄想してから打席に立った**のだとか。

実際に、彼はチャンスにはやたらと強かった。

メジャーリーグ時代も、満塁のチャンスに打席に立ったときは、通算12打数7安打と驚異的な勝負強さを発揮しました。

敬遠のボールを打ってサヨナラゲームにしてしまったときも、オールスターゲームで史上唯一の単独ホームスチールを決めたときも、**「成功している自分」を頭に描いて、それを現実にしてしまった**のですね。

同じプロ野球に、この新庄さんを上回る「妄想の天才」がいました。

その名は……。

長嶋茂雄！


「ミスタープロ野球」とまで呼ばれたスターは、「妄想力」もまた並外れていました。

なにしろ、あの「天覧ホームラン」も、「妄想のたまもの」だったのです。

ときは1959年6月25日。ところは後楽園球場。この日、プロ野球は、はじめて天皇・皇后両陛下を迎えた「天覧試合」を行いました。

その試合で、サヨナラホームランを打ったのが長嶋さんです。

これが、世に言う「天覧ホームラン」。


この試合の前夜。

長嶋さんはありったけのスポーツ新聞を買って自宅に戻りました。

目的は……もちろん、「妄想」するためです！

長嶋さん、買ってきた新聞の第1面に、マジックを使って自分でトップ記事の見出しを手書きしたのです。

なんて書いたと思います？

なんと、長嶋さん、こう手書きしたのです。

「長嶋、天覧試合でサヨナラ本塁打」

これ、ウソのようなホントの話。

長嶋さん、**「妄想」を翌日には「現実」にしてしまった！**

妄想力の勝利ですね。

いわゆる「引き寄せの法則」では、**素晴らしい未来を引き寄せるには、「そうなったときの自分」をありありと想像することが大切**なのだそうです。

たとえば、「コンサートのチケットの抽選に当たりたい」のなら、会場で感動して泣いている自分の姿をリアルに思い浮かべる。それこそ、会場の匂いまでも感じるくらいに妄想するのがよいとのこと。

実業家で戦略コンサルタントの坂本桂一氏の言葉です。

「私の知っている世に成功者と呼ばれる起業家たちは例外なく、もうこれ以上無理だというくらいギリギリのところまで考えて、頭の中に完璧なイメージをつくりあげてから行動を起こしている。まだ何も実現していないことを、あたかも見てきたかのごとく話せるくらいに。これが必要だ」

世の成功者たちは、**リアルな妄想を「成功のきっかけ」として、うまく利用しているの**ですね。

参考
『なぜ、成功者たちはフシギな習慣を持っているのか？』濱栄一著 宝島社
『野心のすすめ』林真理子著 講談社現代新書
『明日が見えないときキミに力をくれる言葉』ひすいこたろう著 SB文庫
『頭のいい人が儲からない理由』坂本桂一著 講談社

「ずるい考え方」で困難を突破する
「ラテラルシンキング」がピンチを救う

「マジどん」から抜け出すための、一流の人たちの考え方。

その4つ目は、**「発想を変える」**です。

さて。突然ですが、クイズです。

問 10個のリンゴを3人の子どもに公平に分けるにはどうしたらよいでしょう?

この本を読んでいるあなたなら、きっと即答ですね。

答えはいくつもありますが、たとえば……。

「ジュースにして分ける」

他にも、「1つを自分で食べて、残った9個を3人で分ける」だって正解です。

「えっ、そんなのズルい！」と思ったあなたは要注意。

頭がだいぶカタくなっているかもしれません。

このような「どんな前提条件にも支配されない自由な思想法」のことを「ラテラルシンキング」と言います。

平たく言えば**「ずるい考え方」**ですね。


この「ラテラルシンキング」。

何もクイズやパズルの世界だけの話ではなく、実生活で使いこなすことができれば、とても便利。そして、**常識にとらわれない「ずるい考え方」は、「マジどん」を抜け出し、新たな発想をする「きっかけ」**になります。

「ラテラルシンキング」の権威で、何冊もの著書がある木村尚義氏によれば、**「枠を外して自由に発想すること」が、「ラテラルシンキング」のコツ**だとか。

そして、「枠を外して考える」には、次の「3つの力」を心がければよいのだそうです。

1．疑う力

当たり前だと思っていることも、疑ってみる。前提条件を鵜呑みにしない。興味を持って「なぜだろう?」と考える。原動力は好奇心です。

2．抽象化する力

言い換えれば「本質をつかむ力」です。たとえば「ラジオ」を抽象化すると、「音声で番組を聴く道具」。

この条件を満たしていれば、「ラジオ」なのですから、イヤホン型ラジオとか、紙ラジオなんていう発想が生まれてくるわけです。

本質を見抜いて分析すると違った可能性が見えてきます。「抽象化する力」とは、モノが存在する目的まで突き詰めて考える力です。

3．偶然をモノにする力

ある問題について、ずっと考えていると、偶然、関係のないものを見て、それが答えに結びつくことがあります。そんな、神様からのプレゼントを「セレンディピティ」と言います。これが起こったときに、偶然として無視せず、「なぜ?」と考えてヒントにすることが「きっかけ」になります。

また、木村氏は、「ラテラルシンキングを実践するためには、着眼点を変えることが大切」とした上で、そのためのチェックリストを挙げています。

それは次の6つ。

- ほかのもので代用できないか?
- ほかに使い道はないか?
- 逆にしてみたらどうか?
- 組み合わせてみたらどうか?
- 大きさを変えてみたらどうか?
- 入れ替えてみたらどうか?

どうです。

何となく、悩んだときの突破口になりそうな気がしてきませんか？

では、「ラテラルシンキング」のコツを学んだところで、木村氏の著書からもう1問クイズです。

問 宝くじで、確実に1等の当たりくじを買うにはどうしたらよいでしょう？

もう、楽勝ですね。

答えは……。

「すべての宝くじを買い取る！」

他にも、「当たった宝くじをさらに高い額で買い取る」というのも正解。

そんなの反則！　と思わずに、困難にぶつかったときは、頭をやわらかくして、「ラテラルシンキング」で考えてみましょう。

そこから、「マジどん」を抜け出す意外な方法が見つかったりします。

参考『「ずるい思考術」練習帳』木村尚義著 小学館集英社プロダクション
『バカのアイデアだけが世界を変える！』木村尚義著 宝島社

開き直れば「強い自分」になれる

ジャック・レモンの「初舞台」

「マジどん」から抜け出すための、一流の人たちの考え方。

その5つ目は、**「開き直って考える」**です。


マジシャンのマギー司郎さん。

「横じまのハンカチが縦じまに変わったのわかる?」など、とぼけた味の、いわゆる「おしゃべりマジック」が売りですよね。

司郎さんが、この独特のマジックスタイルを始めたきっかけ。

それは、「自分はマジックがヘタクソ」という事実を認めてしまうという、いい意味での「開き直り」でした。

ある日、舞台でマジックに失敗してしまった瞬間、つい、「実はボク、マジックうまくないのよ」って本音が漏れてしまった。ところが、それがお客さんにドンとウケたのです。

その意外な反応を見たマギーさんは、「これはいけるんじゃないか」って思ったのだそうです。

人間は、「開き直る」と強い。

「開き直った」とたん、「マジどん」から抜け出す「新しい道」が、パーッと見えることがあります。


ただし、ここで注意。

それは、あくまで「よい開き直り」の場合の話です。

人からお金を借りておいて、「無い袖《そで》は振れませ〜ん。テヘッ」というのは「悪い開き直り」……というか、ただの「言い逃れ」でしかありません。

そんなものは「マジどんを抜け出すきっかけ」になるどころか、周りからヒンシュクを買うだけ。

そんなことをやっているといつの間にか、周りからそっぽを向かれて孤立無援になってしまいますから、くれぐれもご注意くださいね。

ここで言う**「よい開き直り」とは、「事実を素直に受け入れ、流れに逆らわず、己の弱さを認めた上で次の行動に出ること」**とでも言えばよいでしょうか?

野球で言えば「敬遠」ですね。

堂々と「逃げちゃう勇気」です。

『アパートの鍵貸します』などの名画で知られる、往年のハリウッドの名優、ジャック・レモン。

彼が俳優になった「きっかけ」もまた、「開き直り」でした。

9歳のとき、初舞台で彼は「開き直った」のです。

その日、彼は、突然、学校劇で代役を務めることになりました。

もちろん、すぐにセリフを覚えられるはずもなく、見切り発車で本番の舞台が始まってしまいます。

当然、自分がしゃべる番になっても、ぜんぜんセリフがわかりません。

アドリブでやってしまうと、話がメチャクチャになってしまうし、他の子のセリフもあるのでそれも許されない……。

さあ、もし、あなたがジャックだったらどうしますか？


そのとき、幼きジャックは「開き直った」のです。

なんと、彼。

自分がセリフを言う番になると、堂々と舞台ソデまでセリフを聞きに行ったのです。

セリフを1行分か2行分しゃべっては、舞台ソデに引っ込むということを繰り返すジャック。

それを観ていたお客さんたちは、もう大笑いで、拍手喝采だったそうです。

このときの「開き直り」について、ジャック・レモンはこう言っています。

「僕はそれ（舞台ソデに自分のセリフを聞きに行く仕草を）を大げさにやってみることにした。セリフがわかっていても、まったくわからないフリをして、わざわざ舞台ソデに行って、体を傾けて必死に聞いているように見せたんだ。これはウケたよ」

そして、彼はこう言っているのです。

「この体験が、僕の俳優人生のスタートになったんだ」

後に、「戦後のアメリカで最高の喜劇役者」とまで言われたアカデミー賞アクターが誕生した「きっかけ」が「開き直り」だったというのですから面白い。

もう1つ、今度はちょっと感動的な「開き直り」についての言葉を紹介しましょう。

言葉の主はモーリス・ワシントンというジャズミュージシャンです。

サックス奏者だった彼ですが、87歳のときに脳卒中になり、大好きなサックスが演奏できなくなってしまいます。

彼は、「病気になってしまった」という「事実」を素直に受け入れ、いい意味で「開き直り」ました。

そして、彼を心配する友人たちに、こう言ってのけたのです。

「もうサックスが吹けなくなってしまったからね……。これからは歌うことにしたよ」

「開き直り」は「マジどん」から脱出するための魔法の「きっかけ」。

くれぐれも、「悪い開き直り」にならないように注意しつつ、いざというときは遠慮なく、どしどし開き直っちゃいましょう！

参考『この人たちはなぜ成功したのか』ユージン・グリースマン著 ダイヤモンド社
『恋人がいなくてもクリスマスをワクワク過ごせる人の考え方』ひすいこたろう・石井しおり著 祥伝社黄金文庫

自分の問題を「他人事」として考えてみる
宮崎駿の「面倒くさい」

「マジどん」から抜け出すための、一流の人たちの考え方。

その6つ目は、**「他人事《ひとごと》だと考える」**です。


『となりのトトロ』『もののけ姫』『千と千尋の神隠し』など、数々の作品を監督した宮崎駿さんが仕事をするときの口ぐせ。

それは、「面倒くさい」という意外な言葉。

テレビのドキュメンタリー番組で、映画製作のウラ舞台が映されたとき、宮崎監督は、仕事中に、まるで呪文のように「面倒くさい」を連発していました。


一見、「後ろ向きの言葉」のような気がする、この「面倒くさい」という言葉。

実はこれ、「心の平安を保つため」にとても効果的な言葉なのです。

なぜ、そうなのかは後ほど……。


「岡目八目《おかめはちもく》」という言葉があります。

これは、「囲碁をやっている当人よりも、横で見ている他人のほうが状況を客観的に見ることができて、八目（＝8手）先まで読むことができる」という意味。

高い視点から冷静に全体を見ている第三者は、当事者よりも「よい判断をくだせる」ということを言った言葉です。

昔の武将が、「軍師」を置いて、一歩引いた立場から戦況を判断させ、采配の参考にしたのも、「岡目八目効果」を狙ってのことだったのでしょう。


世阿弥の『花鏡《かきょう》』には「離見《りけん》の見《けん》」という言葉が出てきます。

これは、舞台で能を演じるときの心得の1つで、およそ次のような意味です。

「役者として大成するためには、自分が舞台で演じている姿を『客席で観ている観客の目になって』観るようにしなければならない」

世阿弥さんも、自分を「他人の目」で見ることの大切さを訴えていたのですね。

最近では**「メタ認知」**という言葉もあります。

ひと言で言えば「第三者の立場から自分を冷静に分析する力」のこと。

「ぼくは天才ではありません。なぜかというと、自分がどうしてヒットを打てるかを説明できますから」（イチロー 元メジャーリーガー）

この言葉は、イチローの「メタ認知」の高さを物語っています。

「岡目八目」も「離見の見」も「メタ認知」も言わんとすることは同じ。

昔から現代に至るまで、「第三者」として、「自分の問題」を「他人事として見る効果」が伝えられてきているわけです。

ほら、ビジネスメールだって、「打ち終わったところで『他人の目』でもう1度読み直して、意味がわかりにくいところがないかチェックするとよい」というではないですか。何か問題にぶつかったとき、この**「第三者の目になる」ことが、「解決のきっかけ」になります。**

ビジネスコンサルタントの本田直之氏は、目の前の問題を解決する方法として、こんなことを言っています。

「目の前の問題は、他人事と考え、『第三者からこういう相談を受けた』と仮定し、『アドバイスするように』解決策を考えるとよい」

元浄土真宗の僧侶で、かつて、ｗｅｂサイト『家出空間』を運営。悩める人たちの相談に乗るなどし、心の平安に関する本を執筆されている、小池龍之介氏。

彼はその著書のなかで、自分が悩んでいるときの「メタ認知」について、次のようなポイントを挙げています。

・決して自己否定をしないこと。そして、冷静に客観的に自分を見つめる。

・お母さんが赤ん坊をあやすように、穏やかに自分の心の声に耳を傾ける。

そして、こう続けています。

「素直に嫌がっている自分と向き合う。『ああ、自分は嫌だと思っている』と繰り返し唱えるのも効果的です」

はい。

ここで冒頭の宮崎監督の口ぐせです。

監督は、「嫌がっている自分」をある意味、冷静に客観的に観ていたのです。

小池氏が言うように、「嫌がっている自分」と向き合い、その感情を否定せず、隠すことなく**「面倒くさい」を連発することで、自分を鼓舞《こぶ》していた**のですね。

ただし、この方法。

あまり人前でやると、周りから「グチ大魔神」と呼ばれてしまいます。

要は、自分へのエールですから、なるべく1人のときにやりましょう……。

自分や自分の状況を「他人事」のように、冷めた目で見てみる。
「マジどん」から抜け出す「きっかけ」になる考え方です。

参考『意思決定力』本田直之著 ダイヤモンド社
『強く生きるノート』小池龍之介他著 講談社

「努力」を続けていれば、ある日、好転する「跳び続けたカエル」の話

「マジどん」から抜け出すための、一流の人たちの考え方。
その7つ目は、**「とにかく続ける」**です。

こんなたとえ話があります。

あるところに、柳の枝に飛びつこうとジャンプしているカエルがいました。
力一杯ジャンプするけれど、どうしてもあと一歩で届かない。
来る日も、来る日も、跳び続けるカエル。
夏の日も、秋の日も、ずっと跳び続ける。
やがて、季節は冬に……。

ある寒い朝。ジャンプすると、今までどうしても届かなかった枝に、ついに飛びつくことができたのです。

その日は雪でした。

カエルの足元には雪が積もり、柳の枝との距離が縮まっていたのです。

えっ？

「冬ならカエルは冬眠しているだろう」ですって？

これはそういう話ではありません。

ずっと、**懲りずに努力を続けていれば、やがて環境のほうが変わって「手が届く」**というたとえ話ですね。

雪が降らなくても、もしかしたら、柳の枝のほうが下に伸びて、届くようになったかもしれません。

続けていれば、状況は変わる。

成功への「きっかけ」をつかむことができる。

何かのビジネス書で、次のような言葉を読んだことがあります。

「お客に断られた営業マンは、ほとんどの場合、その飛び込み先に2度と行かない。多くてもあと1回行く程度。だから、**懲りずに3回、4回と顔を出す営業マンは、それだけで、その他の営業マンに差をつけることができる**」

「お客は、ある日突然、買う気になる。そして、そう思ったとき、偶然、その場にいた営業マンに声をかける。だから、常に訪問を続けて、**『たまたまそこにいた営業マン』にならなくてはならない**」

営業における「継続の力」について言った言葉ですね。

こんな実話もあります。

取引先店の社長の逆鱗《げきりん》に触れた自社の社員が「出入り禁止」を言い渡されたとき、84ページにも登場いただいた実業家の坂本桂一氏は、その社員にこんな命令をしたそうです。

「社長から出入り禁止を解いてもらうまで、毎朝、開店前に行って、店の前をきれいに掃除しろ！」

その社員は、次の日から毎朝、ほうきを持って出かけて行き、その社長の店の前をちり

1つ落ちていないくらいにきれいに掃除することを続けました。

先方の社長から「わざとらしいことをするな！」「そんなことをしても、ぜったい取引はしない！」と、さんざん怒鳴られたり、イヤミを言われたりしても、めげずに毎朝毎朝、その社員は掃除を続けたのです。

1か月後。

とうとう、相手の社長から連絡が入りました。


「俺の負けだ。取引を再開する」


その後、その社長は、以前の何倍もの注文をくれるようになったそうです。

継続の力、恐るべし……。


「したい人1万人。始める人100人。続ける人1人」（中谷彰宏　作家・俳優）

続けるだけでいかに優位に立てるかが伝わってくる言葉ですね。

「継続力」に関する「1万時間の法則」という言葉もあります。

簡単に言えば、**「あることに1万時間取り組めば一流になれる」**という法則です。

1万時間というと、毎日10時間やって約3年ですね。

「1万はツライなぁ」というあなた。

1000回でもよいという言葉も紹介しましょう。

それは、「どうしたら自分を変えられるか?」と悩んでいたある人が、ひすいこたろうさんに、「新しい自分に出会える方法」を聞いたときの回答です。

「あのね。やることは何でもいいんだけど、心を込めて1000回続けると新しい自分と出会えるよ」

この言葉を信じたその人は、毎日、心を込めたメルマガを発信することにしました。

事業が失敗し、メルマガどころではない状態になっても、意地で続けたのです。

その人の名は野澤卓央《のざわたくお》。始めたメルマガは、その後、書籍化されベストセラーになりました。「1000回の心を込めた継続」は、野澤さんにとって、本当に新たな自分と出会う「きっかけ」になったのです。

参考『頭のいい人が儲からない理由』坂本桂一著 講談社
『中谷彰宏名言集』中谷彰宏著 ダイヤモンド社
『一生を変える小さなコツ』野澤卓央著 かんき出版

「遊び心」がないと見えてこないモノがある
「Francfranc」の気づき

「マジどん」から抜け出すための、一流の人たちの考え方。

その8つ目は、**「遊び心を忘れない」**です。


ある企業の経営会議で、こんなやり取りを見たことがあります。

取締役が、ある商品について「この商品の技術面での課題を聞きたい」と質問をします。

それに対して、技術部の部長が、実に的確に状況と見通しを説明したのですが、ここで、その技術部長の発言に対して、カリスマ社長がこう言ったのです。

「今の技術部長の答えは『正しい回答』だが、質問に対しては、少々面白みに欠ける」

「はっ」とさせられる言葉です。

「面白みに欠ける」ということは「つまらない」ということ。

正しいだけで「遊び心」がないと、なかなか「面白い展開」にはつながりません。

ですから、ネットでゲームを配信するようなクリエイティブな企業では、オフィスのなかに「遊び」を取り入れていることがあります。

オフィスに、雑談コーナーどころか、文字通り遊び場のようなスペースがあって、本当にオモチャが置いてあったりします。

私のメンターの1人、小山薫堂氏が代表を務める企画会社のオフィスには、人が乗って、ツーッと横に移動できるボールが天井から吊るされています。

一見、とってもジャマです。

でも、アイデアに詰まったときは、気分転換でこれに乗って童心にかえってリフレッシュするのだとか。

私の知人が勤める出版やセミナーなどを展開している某企業では、オフィス内のミーティングスペースにアイボが放し飼いされています。

単に床をヨチヨチと歩いているだけなのですが、それもまた、心を和ませてくれる「遊び心」なのです。

オフィスだけではありません。

クリエイティブな発想を重視する企業は、**「制度」にも「遊び」を取り入れているところがあります。**

グーグル社は、**「仕事時間の20パーセントは、自分の好きなことに使ってよい」**というルールを導入しているそうです。

この、「自由時間」から、あの「ストリートビュー」は生まれたのだとか。

また、インターネットコンテンツの制作会社、カヤック社では、「サイコロ給」という、遊び心満点の制度を導入しています。

これは、社員がサイコロを振り、たとえば「6の目」を出した人の給料には、基本給の6パーセントの金額をプラスするというもの。

出た目が5なら、本当に5パーセント加算になります。

「全員がきっちり仕事をやっている」という性善説に立って、人事考課に時間を割くのをやめて、「遊び心」を取り入れているわけですね。

株式会社バルスの代表として、ブランド「Francfranc（フランフラン）」などを展開する髙島郁夫《たかしまふみお》氏は、「遊び」の大切さについてこう言っています。

「どんどん遊べ、どんどん生活を楽しめ、どんどんファッショナブルになれ、たくさんの映画を観て、本を読め、アートを見ろ。そして、そこからつかんだものをヒョイッと表現しろ」

「マジメもいいが、遊びを知らないと見えて来ないものがある。マジメに遊べるようになったら本物に近づいていく」

髙島氏は、株式会社バルスが上場企業になったとき、「Francfranc」の店舗に置く商品の見直しを行ったことがあるそうです。

「上場企業になったのだから、ちゃんとしなければ」と考えて、売れ筋の商品をチェックし、動きがない商品を店舗から撤去したのです。

すると……。

なぜか全体の売り上げが落ちてしまった。

ちゃんと調べて、売れ筋の商品ばかりを品揃えしているのに、お客が減ってしまったのです。

不思議に思った髙島氏は、お客の気持ちになって店内を歩いて、その理由をハッキリと悟ります。

店にいて、楽しくない。

以前のように、「ぜんぜん売れたことはないけれど、なんだか面白い家具」とか、「突飛なデザインの食器」とか、そんなものがあったほうが、店内にいて楽しかったのです。

なるほど、これは売り上げが落ちるわけだ……と、「遊び心」の大切さをお客さんに教えられたのでした。

面白くない仕事を、「ゲームにしてしまう」というのも「遊び心」です。

たとえば、繰り返しの単純作業も「定時までに終えれば自分の勝ち」と思ってゲーム化してしまうと楽しくなってきます。

そして、「誰が一番早く、ミスなくやれるか」と、「競技化」してしまうのも「遊び心」。よく、飲食のチェーン店が、社内で技術コンテストを開いているのも、競技化して、全体のレベルアップの「きっかけ」にしているわけですね。

「遊び心」を持って、「楽しんじゃえ！」と思うことが、面白くないことを面白くし、柔軟な発想につながる「きっかけ」になるのです。

参考　『あたらしい働き方』本田直之著　ダイヤモンド社
『遊ばない社員はいらない』髙島郁夫著　ダイヤモンド社

行き詰まったら、「何もしない」「休む」

「魔女の宅急便」が飛べなくなったら

「マジどん」から抜け出すための、一流の人たちの考え方。
その9つ目は、**「ときには休む」**です。

宮崎駿監督の映画、『魔女の宅急便』の1シーンです。

魔女なのに「ホウキに乗って飛ぶ方法」を忘れてしまった主人公の少女キキが、友達になった画家のたまご、ウルスラに悩みを打ち明けます。

ウルスラ　「魔法も絵も似てるんだね。私もよく描けなくなるよ」
キキ　「ほんと⁉　そういうときどうするの？……私、前は何も考えなくても飛べたの。

でも、今は分からなくなっちゃった」

ウルスラ　「そういうときはジタバタするしかないよ。描いて、描いて、描きまくる」

キキ　「でも、やっぱり飛べなかったら？」

ウルスラ　**「描くのをやめる。散歩したり、景色を見たり……。昼寝したり、何もしない」**

行き詰まりを感じているキキに、ウルスラは人生の（ちょっと）先輩として、「休むこと」を勧めるのです。

行き詰まりを感じて、疲れてしまったときは、休むのが一番。

それが「マジどん」から抜け出して、再スタートを切る「きっかけ」になることがあります。

日本発祥の心の治療法、「森田療法」をご存じでしょうか。

この療法では、**「心の病」を治すために、治療の最初の1週間は、患者に「何もさせない」**のだそうです。

この期間は「絶対臥褥期《ぜったいがじょくき》」と呼ばれていて、治療の基本になるのだとか。狙いは、「何もしない」ことで、その人を「焦り」や「不安」から解放させること。この経験をさせると、患者は週の後半には必ず「何かしたくなる」といいます。休むことで、「新たな力」が充電されるのかもしれません。

なんの本で読んだか忘れてしまったのですが、**「毎日の仕事で疲れ切ってしまったら、ズル休みをするのが一番」**なのだとか。

「ズル休みなんて、とんでもない！」という真面目な人ほど、効果があるらしい。微妙な**「罪の意識」が、「脳にとってイイ刺激になる」**とのこと。

たった1日休んで、リフレッシュできて、次の日からの仕事の効率が上がれば、そっちのほうがイイではありませんか！

また、休みを取らなくても、**ぐっすり眠るだけでもリフレッシュ効果があります。**

これまた宮崎監督の映画、『となりのトトロ』には、こんなシーンがあります。

主人公のサツキとメイの姉妹は、母親が入院している病院から「退院延期」の連絡を受けて落ち込むのですが、次のワンカットでは、「ふて寝」をしているのです。

あなたも、子どもの頃、「自分では解決できない大問題」があると、ふてくされて眠りませんでしたか。

子どもは本能で、**「眠るとリフレッシュできる」**と知っているのかもしれません。

宮崎監督も、このワンカットは会心のアイデアだったらしく、「心底がっかりした2人がどうするかを考えに考えて、ようやくクリアできたシーン」と語っているのを聞いたことがあります。

以前にテレビで、「目の前にビルから飛び降りようとしている人がいたら、何と声をかけますか?」という質問に、有名人が回答する……という番組を観ました。

各界の人たちが、いろいろなことを言っていましたが、女優の壇蜜さんの言葉がとても印象的でした。彼女は、目の前で死を選ぼうとしている人に、こう声をかけるそうです。

「ひと晩、寝てみてはどうですか?」

シンプルな提案ですが、いわゆる「おくりびと」として、たくさんの人の「死」を見てきたという経験を持つ彼女ならではの奥深い言葉だと思いました。

人間、ひと晩寝るだけで、不思議と「昨日の悩み」は半分くらいの大きさになっているもの。

「『朝』という字は、分解すると『十月十日』。赤ちゃんがお母さんのお腹のなかで過ごす期間です。人は、眠って目覚めると、毎朝、毎朝、生まれ変わっているんです」（ひすいこたろう 天才コピーライター・セラピスト）

だから、行き詰まったら「ひと眠り」してみる。

とりあえず「保留にして休んでみる」。

繰り返しますが、それが、「マジどん」から抜け出して、再スタートを切る「きっかけ」になるのです。

冒頭の『魔女の宅急便』のキキとウルスラの会話はこう続きます。

ウルスラ　「(何もしないでいると) そのうちに急に描きたくなるんだよ」
キキ　「なるかしら……」
ウルスラ　**「なるさ」**

参考　映画『魔女の宅急便』宮崎駿監督
映画『となりのトトロ』宮崎駿監督
『朝にキク言葉』ひすいこたろう著 サンマーク出版

人は「自分が考えるような人生を生きている」

イチローの「はじめの一歩」

「マジどん」から抜け出すための、一流の人たちの考え方。

その最後は、**「自分を信じる」**です。


「人は自分が考えるような人生を生きている」


私はこの言葉を自己啓発書作家の本田健氏の著書で読みました。

本田健氏は、この言葉を「ある大富豪から教わった」とその著書のなかで書いています。

うがったとらえ方をすれば、「じゃあ、みんな、考えた通りの人生を過ごせるとでも言うの！」と反論したくなります。

なかには、「お金持ちになりたいと考えているけど、ぜんぜん、なれない！」と怒り出す人もいるかもしれません。

でも。ちょっと考えてみてください。

そういう人は、結局、「いくら考えたって、金持ちになれるわけがない。サクセスストーリーなんて、自分とは関係のない夢物語」と、できないことのほうを信じているのです。

まさに、「人は自分が考えるような人生を生きている」という原則の通りなんです。

私は、「人は、自分が考えるような人生を生きている」という言葉はその通りだと思っています。事実、自分は、「ウルトラクイズでニューヨークに行く」とか、「本を出して暮らす」など、スットンキョウな夢を信じることで、現実にしてきました。

成功哲学の研究者、ナポレオン・ヒルが、数々の成功者にインタビューして、たどり着いた言葉。

「思考は現実化する」

これも、言い方が違うだけで本質は同じ。

私は、ある人から**「考えたことしか現実にならない」**という言葉を聞いたことがありますが、これだって同じ考え方です。

イチローは小学生のときに、「将来、一流の選手になって、お世話になった人たちを球場に招待したい」と作文に書いて、その夢を信じました。その結果が日米のプロ野球で偉大な業績を残したのです。

もし、作文に「将来、プロ野球選手になりたいけど、一流選手は無理でしょうね（笑）」とか書いていたら、普通のプロ野球選手どまりだったのではないでしょうか。

えっ？

「じゃあ、『メジャーリーガーになりたい』と子どもの頃から信じていれば、全員がなれるのか？」ですって？

もちろん全員はなれません。

自分が「考えたこと」を「信じて」、それに向かって本気で努力した人だけが「本当にそうなれる」という可能性を持つことができる。

でも、「そう考えない人」は絶対に「そうはなれない」というのはたしかです。

「考えること」が、第一条件であり、大前提、はじめの一歩なんです。


セミナーで多くの人たちを成功へ導いている福島正伸氏は、こう言っています。


「自分を信じることから、すべてが始まる」

「自分を小さくしているのは自分、自分を大きくするのも自分」


そうです。

すべての始まりは、自分の考えを信じること。

それが「未来へのきっかけ」です。

神様は、人間を作ったけれど、「一人ひとりが人生をどう生きるか」については、**「自分**

で考えて勝手に決めていいよ。そこまでは面倒見切れないから……」と言っているのではないでしょうか。

だから、人間は、自分の未来について、「夢を見る力」を持っている。

それから、神様は、こうも考えているのではないでしょうか。

「一人ひとりの面倒までは見られないけど、時々、チャンスは与えてあげるから、気がついて、活かす気があったら活かしてね。あと、いろいろなところに、誰でも拾えるように、『きっかけ』を置いておくから、気がついて、拾いたかったら拾ってね」

神様は、あなたの人生を、あなたにゆだねています。

あなたは今、ちゃんと、自分の可能性を信じてあげていますか?

参考『大好きなことをしてお金持ちになる』本田健著 フォレスト出版
『「夢」が「現実」に変わる言葉』福島正伸著 三笠書房王様文庫

「『ステキな勘違い』が、人生を面白くする」

山﨑拓巳（起業家・ベストセラー作家）

PART 3

「マジどん」から抜け出すためのアクション11

PART3 は、「マジどん」から抜け出すための具体的なアクション編です。

どんな行動をとれば「マジどん」から抜け出す「きっかけ」をつかみやすくなるのか……についてお伝えします。

実際に私は、ここで紹介する行動を意識し、実行するようになって、たくさんの「きっかけ」をつかむことができました。

ダマされたと思ってやってみてください。今までより多くの「きっかけの扉」が、あなたの前に現れるようになるはずです。

「人」に始まり、「人」に終わる

人を大切にした、大経営者たち

「マジどん」から抜け出すためのきっかけをつかむアクション。

その1つ目は、**「人と会ってみる」**です。

「小才は縁に逢って縁に気づかず、
中才は縁に逢って縁を活かさず、
大才は袖触れ合う他生の縁も、これを活かす」（柳生宗矩《やぎゅうむねのり》 剣術家）

極論で言えば、「マジどん」から抜け出すきっかけをつかむコツは、「人と会うこと」に尽きてしまう……と言っても過言ではありません。

大成する人は、等しく、「人との出会い」を活かしています。

なぜなら、**「仕事も、おカネも、運も、全部、人が運んでくる」**と知っているから。

わがメンターの1人、小山薫堂氏も、**「幸運は人づてにやってくる。サラリーマンが1年で3千万円貯金するのは難しい。でも、1年かけて人間力を磨いて、3千万円を投資したくなるような人になることは可能だと思う」**と言っています。

私が本を出すことができたのも、きっかけは「人との偶然の出会い」でした。

そもそも「本を出す」ということは、出版社が私に投資してくれているということなのですから、出会いがなければ始まりません。

ですから、**「成功者」と呼ばれる人ほど、「人との出会い」の大切さを理解し、どんなに忙しくても「人と会う時間」をしっかり確保しています。**

私の知人の起業家の方は、スケジュール帳がほぼ予定で埋まっていますが、それでも、「突然、会いたいと言ってきた人と会う時間を入れ込めるようにバッファ(ゆとり)をとっている」と言っていました。それだけ「人との出会い」を重視しているのです。

たぶん、「人と会うことが、運をつかむのにもっともよい方法」という意見に反対する「成功者」は1人もいないのではないでしょうか。

そして、時間をとって人と会ったら、「得られるものはないか」と、相手に集中する。

「経営の神様」と呼ばれたあの松下幸之助さんも、取材をされるときには、その相手がどんなに若い記者であろうと丁寧に対応し、**「半分はボクが話すから、半分はキミの話を聞かせてや」**と言っていたそうです。

「人と話すこと」を……いや、「人の話を聞くこと」を重んじた松下幸之助さんらしいエピソードです。


ただし。

「人と会うことが大切」だからと言って、やたらとたくさんの人に会って、名刺を山ほど集めればよいというわけではありません。

名刺の束を人に見せて、「今年は1000人と名刺交換しちゃったよ」と、威張っているような人は、「人脈」という言葉の意味を勘違いしています。

たとえ、1万枚集めても、名刺は名刺、ただの紙切れ。

大切なのは名刺の向こう側にいる生身の人間です。

本当の「人脈」とは、自分が困ったときに、無条件で助けてくれる人のこと。

なにかの本で、本当の「人脈」について、**「夜の11時に電話しても気軽に相談に乗ってくれる人」**と定義していました。

1万人の名刺を持っているより、そういう友達が5人いるほうがよっぽど心強い。

バリ島で成功し、大金持ちになった「大富豪アニキ」こと丸尾孝俊氏は、こう言っています。

「昔から、大切なものは、『ヒト、モノ、カネ』と決まっている。この順番は絶対だ。いちばん大切なのが『人』で、次が『モノ』、そして最後に『カネ』」

したがって、ピンチのときに手放す順番は、まず「カネ」。次に「モノ」、最後に「人」だと。この考え方が基本中の基本だと。

この大富豪アニキの理論で考えれば、不況で儲けを確保するために、リストラと称して、最初に「ヒト」を切るという経営は大間違いだということです。

『海賊とよばれた男』（百田尚樹著 講談社）のモデル、出光興産の創業者、出光《いでみつ》佐三《さぞう》氏は、敗戦によって、すべての工場を失いましたが、戦争に負けたわずか2日後に1000人を越える従業員たちへ向けて次のように宣言した話が残っています。

「1人もクビにしない。会社がいよいよダメになったら、みんなと一緒にコジキをするまでだ」

なるほど、ちゃんと、人を残すことを大前提にしていますね。

さて。

人が大切なのはわかったとして、「マジどん」から脱出するきっかけを得るには、どんな人とつき合うのが効果的なのでしょう？

先の大富豪アニキは、**「成功したければ、リミッター（＝制限装置）が外れた人間とつき合え」**というユニークな意見を言っています。

「実際に『リミッターが外れているヤツ』に会って、触れて、話すことで、リミッターが外れたヤツの影響を、フルラインナップで受けることができるねんて。リミッターが外れているヤツをお手本にしてな、そいつのように考え、そいつのように振る舞えばええんやて。そしたら、必ず（自分の）リミッターが外れていきよるから」

要は、自分の殻《から》を破ってくれるのは、常識にとらわれない相手だと。

「自分が本気になる」には、「本気の人」とつき合うことです。

同じく、「一流の人」になりたければ、「一流の人たち」と知り合って、自分も「一流の人」のように振る舞うのが近道。

すべての始まりは「人」。最後まで残すべき財産も「人」です。

参考
『つながる技術』小山薫堂著 PHP研究所
『金のなる木の育て方』丸尾孝俊著 東邦出版
『大富豪アニキの教え』丸尾孝俊著 ダイヤモンド社
『明日が見えないときキミに力をくれる言葉』ひすいこたろう著 SB文庫

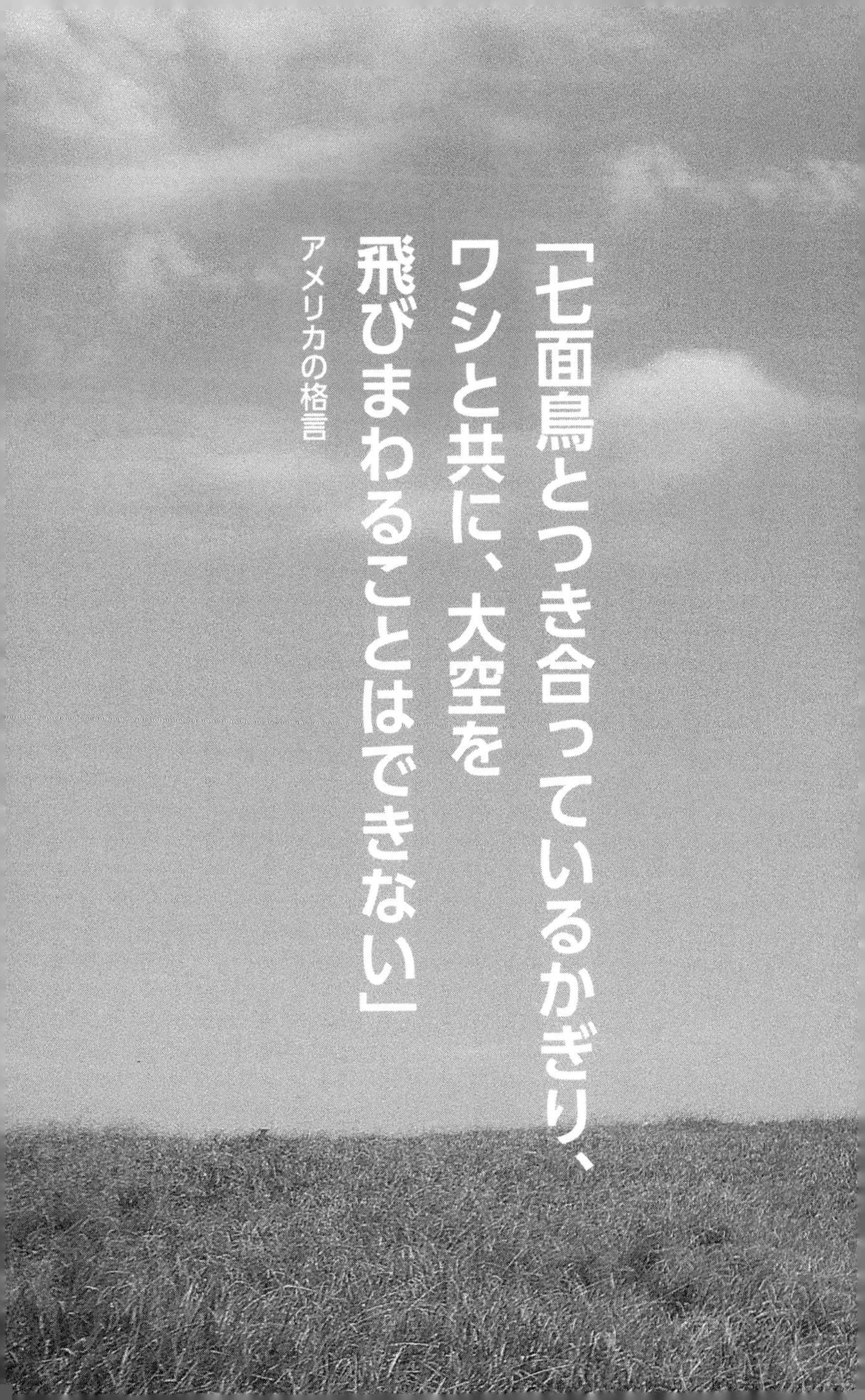
「七面鳥とつき合っているかぎり、
ワシと共に、大空を
飛びまわることはできない」
アメリカの格言

周りと、「よい人間関係」を築く「人とつながりやすい人」の共通点

「マジどん」から抜け出すためのきっかけをつかむアクション。
その2つ目は、**「人とつながりやすい人になってみる」**です。

せっかく人と出会っても、なかなか「関係」を築けない人がいます。
一生続く人間関係を築き、お互いに磨き合い、成熟していくという「人脈」を築くには、いったいどんな人になればよいのでしょう。

京都大学の教授で、人脈に関する本も出している鎌田浩毅《ひろき》氏は、「人と、よい『人間関係』を続けるために身につけるべき能力」として、次の3つを挙げています。

1．スペシャリストとしての「専門性」を持っている。

2．どんな相手とも合わせられる、「間口《まぐち》の広い教養」を持っている。

3．「人好きの要素」を持っている。

一つひとつ見てみましょう。

◎スペシャリストとしての「専門性」を持っている。

「専門性」とは、簡単に言えば、あなたのセールスポイント。武器になる知識や能力のことです。相手に貢献できる専門性を持っていれば、それだけで人は寄ってきてくれます。

◎どんな相手とも合わせられる、「間口の広い教養」を持っている。

教養の豊かさは、人脈を作る上で強い武器になります。

相手がどんな話題を振ってきても、それなりに合わせることができれば、会話もスムーズに流れます（もちろん、「知ったかぶり」は禁物！）。

逆に、それなりの相手と会話をするときは、無知は致命傷になりかねません。

「私は高杉晋作が好きでね」と言われたとき、「それ、誰ですか？」と返したら、相手は会話を続ける気をなくしてしまいますよね。

それなりの方との関係を築きたいのであれば、幅広く本を読み、最低限の知識は持っていたいところです。

また、鎌田氏は、**「教養が身につけば身につくほど、相手に対する理解力も包容力も深まる」**と言っています。

たしかに、教養が豊かな人は、めったなことでは腹を立てません。

相手が話をしているのに、「あっ、それ知ってる」って、話の腰を折ることもありません。

その落ちついた物腰が、さらに、人を惹きつけるのでしょう。

◎「人好きの要素」を持っている。

つまりこれは、「『人と仲よく楽しくやっていきたい』と思う気持ち」のこと。

言い換えれば、「他人との敷居を低くする能力」。

下手に高いプライドは、対人関係の壁になってしまいます。

人と人を結びつける総合企画会社の代表で、「人脈」に関する著書もある島田昭彦氏は、

「人脈が多い人の共通点」を４つ挙げています。

1. 人との出会いを大切にできる。
2. 話題が豊富。
3. 人好き。
4. フットワークがよい。

鎌田氏の意見とほぼ同じですが、「フットワーク」を挙げてあるのが特徴的。
たしかに「人と出会う機会があったら、億劫《おっくう》がらずに楽しんで出かけていく行動力」はとても大切です。

リーダー育成における世界的権威、ジョン・C・マクスウェル氏は、「人とつながる」とはどういうことか……について、次のように言っています。

「『つながり』とは、相手を思いやり、相手にプラスの変化を起こさせるような形で関わっていく力のこと」

「『つながり』をつくる力は、人の価値を理解するところから始まる」

「『つながり』とは、相手を大事にすること」

そうです。

「人とつながる」には、相手を認める心と、さらに「心配り」が必要なのです。

こっちの都合も考えず、知り合いになろうとギラギラして強引に近寄ってくる人がいたら、あなただって、思わず「ドン引き」でしょう。

人とつながるには、「自然体」が一番。

実業家、政治家であり、人脈に関する著書を多数執筆した故藤巻幸大氏も、打算的で強引な人脈作りを皮肉って**「縁以外は八百長」**と言っています。

なにも、力づくで「八百長」をしなくても、もし、あなたが、鎌田氏や島田氏が挙げた能力を持ち、かつ、マクスウェル氏が言うように「相手を思いやる心」を持っていれば、「自然体」でいるだけで、素晴らしい人脈は黙っていても築かれていくはず。

まずは、**自分を「人が寄ってくる明るくて教養ある人」に変えることが優先**です。

「明るい性格は、財産よりも、もっと尊い」（アンドリュー・カーネギー　鉄鋼王と呼ばれ

たアメリカの実業家）

参考『一生モノの人脈術』鎌田浩毅著 東洋経済新報社
『デキる人は皆やっている 一流の人脈術』島田昭彦著 明日香出版社
『「つながり」力』ジョン・C・マクスウェル著 辰巳出版

講演会、セミナーの攻略法

憧れの「メンター」とつながってみる

「マジどん」から抜け出すためのきっかけをつかむアクション。

その3つ目は、**「メンターに会いに行ってみる」**です。

「6次の隔たり」という言葉をご存じでしょうか？

これは、「知り合いをたどっていけば、どんな有名人とも、6人の人を介すればばつながることができる」という意味の言葉。

知り合いを6人たどっていけば、どんな有名人にもたどりつけるという理論なのですが、これ、最近では、インターネットなどの発達によって、「6次」どころか、「4次」とか「3次」とか、どんどん、隔たりが短くなっているという話。

つまり、現代は、あなたがメンターだと思って憧れている「あの人」とも、簡単につながることができるということなのです。

メンターが著名人でも、フェイスブックなら比較的簡単につながることができますし、講演会やセミナーの情報も、調べれば簡単に入手できますよね。

ではここで、私がかつて実践していた、「講演会へ行って目指すメンターとつながりを作ってしまう方法」をご紹介しましょう。

ちょっとミーハーな方法ですが、私はこの手で、メンターだと思っている方々と、メールをやり取りする関係になり、さらに、メンターの知人を紹介していただくなどの「つながり」を得ることができています。

手順は次のとおりです。

1．講演会に行く前に、その人が書いた本を購入し、読んでおく。

これはもう礼儀のようなものとも言えます。著書がそれほど多くないのであれば、全部読んでおくのがベストです。全部読んでおけば、もし、会話の機会があったときに、どの本でも話題にできます。自分のマニアックな著書を読んでくれているというのは、相手にとっては嬉しいものです。

2. 講演会当日は、お気に入りの本を1冊持参する。

メンターとつながる道具として使うために、忘れずに持参しましょう。

3. 会場には、できるだけ早めに行く。

何百人も集まる講演会は別ですが、実は、講演前に、目指すメンターが会場の隅っこで無防備に座っているということは結構あって、話しかける絶好のチャンスなのです。講演開始時間の直前は、人によっては集中タイムに入る方もいますから、話しかけるのは失礼です。少なくとも講演開始の30分以上前に話しかけるようにしましょう。そのためにも、会場にはできるだけ早く行くのがよいのです。

4. 迷わずに話しかけて、持参した本を差し出してサインを求める。

自分の本を差し出されたら、よほど性格が悪い人でない限り、喜んでサインしてくれるはず。いや、「人との出会い」を大切にしている人なら、必ずサインしてくれます。

5. サインに、あなたの名前や、相手の座右の銘などを入れてもらうよう頼む。

会話のための時間を稼げます。サインをしている相手に、本の感想を伝え、自分がメンターにしていることも伝えます。相手が書く「座右の銘」も会話のヒントになります。そして、あなたの名前を記憶の片隅に残してもらう効果もあります。

6. 自分の名刺を渡す。

会社の名刺ではなく、あなたの個人メールのアドレスが入ったプライベート名刺です。名刺なんて数千円で作れます。持っていないアナタ、すぐに作りましょう。**個人名刺は、「人とつながる格好の武器」**。名刺を渡すと、気さくなメンターなら、メールアドレスが入った名刺をくれることがあります。

7. 名刺をもらってメルアドがわかったら、その日のうちにお礼メールを送る。

内容は、サインのお礼と講演会の感想。もし返事が来たら、あなたは、めでたくメンターと「つながり」を持つことができたというわけです！

えっ？

「前の項で、人とつながるのは、強引ではいけないと言っていたのでは？」ですって。いえいえ、相手がイヤがるのは「強引」。イヤがらなければ「積極的アプローチ」です（笑）。

以前に読んだ「人脈づくり」に関する本には、こんなことが書いてありました。

「有名人とつながるためにもっとも有効な方法は、逆に、あなた自身が有名人のほうから『コンタクトを取りたくなる人物』になること」

本を出すようになって、私も「これは本当だな」と実感しています。

私は、個人の名刺に著書のタイトルを入れていて、初対面の方との名刺交換のときには「こんな本を出しています」と、ひと言添えるようにしています。

すると、相手の反応が、がぜん違ってきます。それは、相手が著名人でも同じ。一ファンから一瞬にして「出版仲間」に格上げになる。これが実に大きい。そのあとの会話が、とても弾むのです。

ですから、プライベート名刺には、自分のアピールポイントを入れておくことをオススメします。

名刺に書く肩書は、それこそ、ひすいこたろうさんのように、「天才コピーライター」なんてハッタリをかましてもいいと思います（ひすいさんは、本当に天才コピーライターなので、ハッタリというわけではありませんが……）。

せっかく、メンターにすぐに近づくことができる環境が整った社会。

この環境を利用しない手はありません。

それに、たとえ、会話はできなくても、セミナーなどに参加することで、本人をじかに見て、声を聞き、オーラを感じるだけでも、「マジどん」を抜け出すきっかけになることがあるのです。

たった一人でも「自分の味方」を見つける
大谷翔平の「人生を変えた男」

「マジどん」から抜け出すためのきっかけをつかむアクション。

その4つ目は、**「自分を理解してくれる味方を見つける」**です。

どんなに才能と実力に恵まれた人でも、その力を理解してくれる人が現れないというだけで、なかなか芽が出ないことがあります。

逆に、「マジどん」状態だった売れない小説家や漫画家が、1人の編集者に認められてデビューしてみたら、ドカンとヒットして、一躍大人気になる……と、これもよくある話。

世界の約200以上の国と地域で翻訳されて、関連書籍も合わせると5億冊以上を売り上げた、あのハリー・ポッターシリーズも、作者のJ.K.ローリングさんが、何社もの出版社から出版を断られ続けたというのは有名な話ですよね。

離婚したばかりのシングルマザー。一時期、うつ病にまでなったローリングさん。出版が決まる前は、まさに「マジどん」状態。ようやく決まった初版の契約も、日本円にして約20万円程度。初版の発行部数はたったの1000部でした。

それでも、発行を認めてくれたブルームズ・ベリー出版社という「味方」が現れたおかげでハリー・ポッターは世の中に出たのです。

ちなみに、出版を決めた編集長は、自分が読む前に、8歳の自分の子どもに原稿を読ませて、その反応がよかったので、採用を決めたといいます。大人である自分の判断よりも、読者である子どもの感覚を信じたんですね。そういう意味では、ローリングさんの味方になってくれたのは、この、たった1人の子どもだったと言えるかもしれません。

もし、**この「たった1人の理解者」が現れなければ、ハリー・ポッターは世の中に出ることすらなかった。**

5億冊か、ゼロ冊か。とんでもない違いですよね。

プロ野球の世界で、ピッチャーとバッターの二刀流で前代未聞の活躍を続けている大谷翔平選手。165キロの超速球を投げ、飛距離170メートルという大ホームランを打つという、ケタ外れの才能と実力に恵まれた彼でさえ、彼のことを理解してくれる「味方」に出会わなければ、現在の成功はなかったかもしれない……と、これはそんな話。

そもそも、少年野球でピッチャーをやるような子どもは、野球のセンスがありますから、高校野球くらいまでは、「エースで四番」という選手がたくさんいます。

でも、プロの世界に入ったとたん、両立は無理という「常識」があって、ピッチャーかバッターのどちらかに専念することになるのが「普通」です。この、「ピッチャーとバッターのどっちに専念するか？」というのは悩ましい話で、たとえば、元ジャイアンツの桑田真澄投手などは、「もし、バッターになっていても、相当に活躍しただろう」と言われていますし、ピッチャーとして成功しなかった選手がバッターに転向して成功した例もある。

つまり、ピッチャーとバッターの才能が同じくらいある選手の場合、どっちに専念したほうが成功するかは、神のみぞ知るという部分があるのです。にもかかわらず、「じゃあ、どっちの才能も活かそう！」という二刀流の成功者はいませんでした。

私は、そんな「常識」が定着していたプロ野球の世界において、**大谷選手が「二刀流」**

で成功できた最大の理由は、「北海道日本ハムファイターズの栗山英樹監督との出会い」だったのではないかと思っているのです。

高校を卒業する頃には複数のメジャー球団からのオファーがあり、すっかりメジャー志向になっていた大谷選手。

そんな流れから、各チームがドラフト会議での大谷指名を回避するなか、「大谷君には本当に申し訳ないけれど、指名をさせていただきます」と宣言し、ドラフト1位で指名したのが、栗山監督でした。

この指名に、最初、大谷選手も難色を示しましたが、熱心な誘いに応えるかたちで交渉の場につきました。

入団交渉で、栗山監督は、**「二刀流で使う」**と約束。「5年間、プロの選手としてじっくり育てたら、喜んでメジャーに送り出す」という確約もしました。

さらに、プロ選手としての実績がない高校生が、いきなりメジャーに挑戦することの危険性をデータで示した、『大谷翔平君 夢への道しるべ～日本スポーツにおける若年期海外進出の考察～』と題する資料まで提示して、説得したといいます。

このアプローチが、大谷選手の心を動かしました。

彼は、メジャー球団からのオファーを蹴って、日本ハムへの入団を決意したのです。

5年後。大谷選手は、日本での「二刀流での実績」をひっさげてメジャーにチャレンジしロサンゼルス・エンゼルスに入団しました。

しかし、メジャーに行って最初のオープン戦での成績はさんざんだったのです。

投手としては防御率27・00、打者としては打率1割2分5厘。

これ、**日本での5年間の活躍がなければ、間違いなくマイナーリーグからのスタートだったはず。**そして、もしマイナーに行っていたら、「二刀流なんて日本の高校野球では通用しても、メジャーでは夢のまた夢。ピッチャーかバッターのどちらかに専念しろ」という話になったに違いありません。

ここで、栗山監督の提案を受け入れて、日本で二刀流の実績を積んでいたことがモノを言いました。オープン戦ではさんざんだったものの、「日本で実績のある選手だから……」と、一軍で公式戦を迎えることができたのです。

その後は、開幕戦での「初打席初球初ヒット」を皮切りに、「初登板初勝利」、3試合連続ホームランなど大活躍。「オープン戦での不振はなんだったんだ……」と思わせる大活躍をして、ファンの心をつかみ、現在に至るのです。

大谷選手ほどの実力があれば、もしも、最初の年にマイナーリーグからスタートしても、やがては一軍にあがってきたでしょう。しかし、「二刀流の成功」という、近代プロ野球における夢のような活躍を実現してくれることはなかったはず……。

才能と実力に恵まれていても、たった1人の味方に出会っていなければ、すべてがちぐはぐに進んでしまい、未来が変わってしまうことがある。

自分を理解してくれて、道を作ってくれたり、場を用意してくれたり、的確なアドバイスをしてくれたりする人を持つことができるかできないか？

それが運命の分かれ道になることがあります。

自分の味方になってくれる人を見つける。それが、「マジどん」から抜け出すきっかけになります。

人生の「答え」は、必ず本のなかにある

読書は「無知」から「未知」への道しるべ

「マジどん」から抜け出すためのきっかけをつかむアクション。

その5つ目は、**「本を読んでみる」**です。

あなたが会いたいメンターが、実際に会えないほど「雲の上の人」だったり、故人で本当に「雲の上の人」の場合はどうすればいいのか。

そんな場合、そのメンターと擬似的につながり、「考え方」を共有するための方法が、**「読書」**です。

その人が書いた本を何度も何度も読み返して、「その人の考え方」を自分のモノにすればいい。

何しろ**「読書」は作者との「対話」**です。

直接に話を聞いているのと、同じくらいの効果があります。

読書は、間違いなく、「マジどん」を抜け出すきっかけになります。

私自身、本を書くようになった一つのきっかけは、ビジネス書を読み漁るようになったことです。

では、古今東西の「読書の効用」を讃える名言をいくつか紹介しましょう。

「自分にとって学校は一切存在価値がなかった。図書館と古本屋さえあれば、それで十分だった」（司馬遼太郎 小説家）

「私が人生を知ったのは、人と接したからではなく、本と接したからである」（アナトール・フランス 詩人・小説家）

「どんな本を読んでも、必ず、勉強になることがある」（鍵山秀三郎《ひでさぶろう》 イエローハット創業者）

「読書とは、自分で考える代わりに他の誰かにものを考えてもらうことである」（ショーペンハウエル　哲学者）

人生で直面するさまざまな問題の「答え」は、必ず本のなかにあります。

「本を読む」ということは、「先人の知恵」をちゃっかり拝借する行為なのです。

実業家のビル・ゲイツも、新しい着想を得るために、定期的に別荘にこもって読書三昧《ざんまい》の日々を送る「ビル・ゲイツのシンクウィーク」と呼ばれる習慣を持っているそうです。

自己啓発本を驚異的なペースで執筆されている千田琢哉氏の言葉です。

「本は、その著者がこれまでの人生をすべてかけて培ってきた知恵の集大成を惜しみなく披露してくれているもの。少なくとも、1冊10万円の価値はある」

私もまったく同感。良書の価値は10万円以上です。

本を書くとき、作者は「読者にとってわかりやすいように」と、表現や話の順番など、細部にわたって工夫をしてくれます。

そう考えると、本は「作者との対話以上のもの」と言えます。

本代をケチるなんて、もったいない話。


「知識への投資は、常に最高の利息がついてくる」（ベンジャミン・フランクリン アメリカの政治家）

では、「知識への投資」として、どんな本を読めばいいのでしょう?

まずは、**「自分がこうなりたいと思っている人」が書いた本。**

リスペクトしているメンターの本なら、全部、読んでしまいましょう。

「1人の著者の本をすべて読み尽くすのは最高の贅沢」です。


次に、効率的に「本質」をつかみたければ、ズバリ**「古典」**。

「古典」とは、たとえば『論語』とか『花伝書』などの名著ですね。

新しいところでは、デール・カーネギーの『人を動かす』（創元社）やスティーブン・R・コヴィーの『7つの習慣』（キングベアー出版）など、発売されて何年も経つのに売れ続けている本。

これらの本は、さまざまな新刊の「元ネタ」なので、最初に読んでおくと、新しい本も効率的に読むことができます。

本をたくさん読む上で、少しだけ「多読」と「速読」と「熟読」について触れておきます。

よく、コンサルタントなどが「月に500冊読む」とか言っています。

あれって本当に読んでいるのでしょうか?

実はコンサルタントなどをしている人たちは、「こういう知識(ネタ)を得るために本を読む」という目的がハッキリしているので、その部分以外を読み飛ばしたり、「速読」を駆使したりしているのです。

目的読みをしているから、ものすごい冊数を読めるのですね。

数多くの本を読めば、良書と出会う確率も高くなりますから、「読み飛ばし」や「速読」も利点はあります。

でも、もし**「名著」に出会ったら、そのときはぜひ「熟読」をして欲しい。**

一流の料理を「早食い」したら、もったいないではありませんか！

最後に、本読みの達人、「知の巨人」と呼ばれる松岡正剛《せいごう》氏の言葉です。

「本はパンドラの箱。『無知』から『未知』へ。それが読書の醍醐味」

本には、「人生を変えるきっかけ」が詰まっています。

読まないのは、ぜったいに損です。

参考
『読書について』ショウペンハウエル著 岩波文庫
『なぜ、成功者たちは「フシギな習慣」を持っているのか？』濵栄一著 宝島社
『人生で大切なことは、すべて「書店」で買える。』千田琢哉著 日本実業出版社
『多読術』松岡正剛著 ちくまプリマー新書

「心を込めた」メッセージは、人を動かす
「夢」をかなえた3通の手紙

「マジどん」から抜け出すためのきっかけをつかむアクション。

その6つ目は、**「手紙を書いてみる」**です。


「夢をかなえるきっかけになった手紙」の話を3つしましょう。


1通目は、富山県の幼稚園で実際にあった話。

その幼稚園で、「サンタクロースへの手紙」を書くことになったときのこと。

どうしても内容が決まらなかったある女の子は、幼稚園が用意したポストに手紙を入れることができず、家に持ち帰ってしまいました。

そして翌日、「ペンダントをください」と書いた手紙を、なんと本物の郵便ポストに入

れてしまったのです。

手紙には、サンタの住所どころか、切手すら貼られていませんでした。しかもこの女の子、返事が来るかどうかが心配で、その後、毎日のようにサンタへの手紙を出し続けたのです。

クリスマスの当日。

当然、サンタクロースがやって来るはずもなく……と思ったら、なんと、サンタは女の子の家にやってきたのです。しかも、プレゼントのペンダントを持って！

実は、女の子が出した手紙はすべて郵便局で大切に保管されていました。毎日のように届く「サンタさんへの手紙」に感動した郵便局の人たちは、女の子の母親へ連絡を取り、彼女の夢をかなえてあげることにした……というわけです。

ときとして、「手紙」は夢を現実にします。

来るはずのないサンタさんを呼び寄せることだってできるのです。

2通目は「幻冬舎」の創業者にしてカリスマ編集者、見城《けんじょう》徹氏が、若き日にある大作家へ送った手紙の話。

見城氏は、「作家への手紙」を書くことの難しさについてこう言っています。

「おべっかではいけない。かといって、単なる批判になってもいけない。本人すら気づいていないような急所をつきつつ、相手の刺激になるようなことを書かなければならない」

何しろ相手は物書きのプロ。その相手に、濃い内容の手紙を書くのは至難の業。作品を繰り返し読み込んで、命を削るような思いで書かなくてはなりません。


まだ、角川書店に入ったばかりの頃、作家の五木寛之氏と仕事をしたいと熱望していた彼は、五木作品が発表されるたびに、熱い手紙を書き続けていたそうです。

まったく返事がないまま、書き続けること17通目。

はじめて返事が届きました。

そして、25通目の手紙のあと、ようやく会ってもらうことができたのだとか。

手紙によって見城氏に心を開いていた五木氏は、会ったその日に雑誌への連載を快諾してくれました。

さらに、なんと見城氏が独立したときには、「幻冬舎」という社名の名づけ親にもなってくれるほど深い関係が続いたのです。

「命を削るような手紙」は、大作家の心にしっかりと「届いて」いました。

ときとして、手紙は人の心を動かします。

雲の上のような人と、強い絆を作ることもできるのです

3通目の手紙は、アラスカで、野生動物の姿を撮り続けた写真家の故星野道夫さんが書いた手紙です。

そもそも星野さんがアラスカにハマったきっかけは、大学生の時に買ったアラスカの写真集。とりわけ、イヌイットの村を空から撮った1枚の写真でした。

それを繰り返し見るうち、どうしてもそこに行きたくなってしまった彼。

でも、「シシュマレフ村」という名前以外、住所すらわからない。

そこで、あて先に「アメリカ アラスカ シシュマレフ村長様」と書いただけの無謀な手紙を用意し、そこに、「アラスカの大自然や、野生生物にとても興味があります。この夏、アラスカへ行くので、可能であれば1か月ほどシシュマレフの人たちと一緒に生活してみたいと思っています。私を受け入れてくださるご家族を紹介していただけないでしょう

か？」という内容の熱いメッセージを書いて投函したのです。

届くはずがない……。

それは誰よりも星野さん自身がわかっていました。

でも、書かずにはいられなかった……。

その半年後。１通の英語の手紙が星野さんに届きます。

「手紙を受け取りました。あなたが家に来ること、妻と相談しました。夏はトナカイ狩りの季節です。人手も必要です……」

イヌイットからのその手紙の文面は、こう続いていました。

「いつでも来なさい」

奇跡は起こったのです。

アラスカに旅立った彼は、その後、通算で18年間をアラスカで過ごし、多くの写真集を世に遺したのです。
この手紙は、今も村長のお宅に保管されているといいます。
ときとして、手紙は奇跡を起こします。
たった1通の手紙が、人生を変える「きっかけ」になることもあるのです。

心のこもった手紙。
それが、「マジどん」から抜け出すきっかけになることがあります。

参考
『ちょっといい話』佐藤光浩著 アルファポリス文庫
『憂鬱でなければ、仕事じゃない』見城 徹・藤田 晋著 講談社
『SWITCH NOTE』滝本洋平・磯尾克行編 A-Works

旅に出て、まったく違う世界に触れてみる

島田洋七を復活させた「旅」

「マジどん」から抜け出すためのきっかけをつかむアクション。

その7つ目は、**「旅に出てみる」**です。

「旅はあなたルネサンス」

これは、かつて30年余りも続いた「兼高かおる世界の旅」という長寿番組で世界中を旅していた故兼高かおるさんの言葉です。

言葉の意味は、「旅はあなたを新しくしてくれる」といったところでしょうか。

実際に、旅行によって、「環境が変わること」が「脳の活性化」につながるというのは科学的にも証明されているとのこと。

ビジネスコンサルタントの本田直之氏は、旅行の効用について、およそ次のようなことを言っています。

「1時間考え込むより10分移動したほうがクリエイティブだ。考えに行き詰まったら物理的に移動することをすすめる。今までと違うものを見たり、感じたりすることが脳にとっていい刺激になる。宿泊先の閉ざされた空間に身を置くのも、持ち物が少なくてできることが限られるのもよい効果をもたらす」

仕事が忙しいなどの理由で、旅行に出るのが難しければ、「散歩」という手もあります。
哲学者の西田幾多郎氏が京都の「哲学の道」を散策しながら考えにふけったのは有名な話。
鎌倉在住のある絵本作家は、毎日の散歩を欠かさず、「ボクから散歩を取ったら（作品は）なにも生まれない」とまで言っています。

さて。
「旅」は、脳によいだけでなく、「マジどん」から脱出して、人生を変えるきっかけになることもあります。

起業家であり「小さなコツ専門家」として本も出している野澤卓央氏。

「引きこもり」から、何とか立ち直って大学は出ましたが、25歳まで就職もせずに「自分さがしの旅」と称して国内外をフラフラと放浪していたそうです。

野澤氏が「目覚めるきっかけ」になったのはカンボジアへの旅でした。

彼はそこで、5歳の少女が、「生きるため」に、そして、「家族のため」に一生懸命に働いている姿を目にします。

その姿を見た途端、**「自分の悩み」がただの「甘え」だったこと**に気がつき、恥ずかしくなりました。

そして、帰国後、心機一転して就職。社会人としてのスタートを切ったのです。

人生の頂点を極めたにもかかわらず、疲れ切ってしまい、**「旅」によって復活の「きっかけ」を得た**有名人もいます。

その人の名は島田洋七。

かつての「漫才ブーム」で一世を風靡した、あの「B&B」の洋七さんです。

絶頂期には、司会を務めるレギュラー番組が週に15本。

漫才ブームの頂点を極めた彼。

ギャラの札束があまりに多くて、手提げ袋いっぱいに入れて押し入れにしまっておいたら、ゴミだと思って奥さんがそのまま捨てようとしたこともあったとか……。

しかし、おカネと引き換えに、洋七さんの心のなかには、徐々にストレスが蓄積していったのです。

調子に乗って、働き続けだった彼。

3年くらい経ったときには、台本を見るだけで吐き気を感じるほど、心が疲れ切ってしまったそうです。

ちょうど、漫才ブームにかげりが見えはじめた頃、ついにドクターストップがかかったこともあって、あっさりと芸能界に見切りをつけました。

とはいえ、日本中に顔を知られた洋七さんです。

その彼がノビノビとリフレッシュする方法。

それが、「旅」でした。

洋七さんは、英語が話せる友人を連れてアメリカへと渡ったのです。

自然を見たくてアイダホ州へ行ったとき、ある大農場一家と知り合います。

言葉は通じなくても洋七さんの天性の明るさは家族から大歓迎を受け、あまりの居心地のよさに、イモ掘りを手伝いながら農場に居ついてしまいました。

「イモ掘り」と言っても、アメリカの大農場はスケールが違います。

巨大なトラクターに乗って、端から端まで移動するのに4時間もかかる広大なイモ畑を掘りおこし、そのイモを大型トラックでさらっていく。

お昼になると、自家用の小型ヘリコプターでお弁当が届く！

洋七さんは、この壮大なイモ掘りを手伝いながら、心の底から思いました。

「狭い日本で、なんとかネタをひねり出し、番組の台本をあくせくと暗記し、テレビ局のなかを駆けずりまわっていたあの日々は、いったい何だったのか？」

そして、農場の仕事を愛する人たちとふれあううちに、芸人になったばかりの頃、「笑ってくれるお客さんを見て幸せだった日々」を思い出すのです。

自分は、いつの間にか、漫才の原点を忘れてしまい、タレントの仕事を「ただ単にこなしているだけ」になっていたのだ……。

もう一度、原点に戻ろう。
また、お客さんに笑ってもらおう。
日本に帰ろう。

アイダホの自然と農場の人たちとのふれあいが、洋七さんにとって、自分の原点を思い出し、「マジどん」から復活する「きっかけ」になったのです。

まさに、「旅はあなたルネサンス」。
新しい自分を見つけるきっかけになることがあるのですね。

参考
『思考をやわらかくする授業』本田直之著 サンクチュアリ出版
『一生を変えるほんの小さなコツ』野澤卓央著 かんき出版
『がばいばあちゃんの幸せのトランク』島田洋七著 徳間書店

「そんなことする？」という行動をとってみる

神様に「フェイント」をかける

「マジどん」から抜け出すためのきっかけをつかむアクション。

その8つ目は、**「いつもと違うことをしてみる」**です。

「神様にフェイントをかける」

脚本家、放送作家の小山薫堂氏の言葉です。

新しいアイデアや「きっかけ」が神様の「仕掛け」によるものだとするなら、その「仕掛け人」にフェイントをかけて驚かせてしまおう……ということ。

彼はこう言っています。

「神様が人間の運命をあらかじめ決めていて、僕たちはその通りに生かされているとしたら、思いがけない行動をとることによって、神様にフェイントをかけることができる。そ

うすることによって、絶対何かが生まれると思うんです」

では、いったいどうやってフェイントをかけるのか……。

薫堂さんが挙げている例は「通勤電車を待っているとき、突然、いつもと反対方向へ行く電車に乗ってしまう」と、実にシンプルなもの。

その程度のことでよいのです。

とにかく、神様（この場合は理性と言ってもよい）が「絶対にそんなことはしないだろう」と思っている行動をとってみる。

それだけで、**「一生忘れられないエピソードが生まれるかもしれないし、脳の普段使っていない部分がフル回転になる」**と言っています。

ビジネスコンサルタントの本田直之氏によれば、「人間の行動の95パーセントは、無意識にパターン化された日常的な行動」なのだそうです。

そして、そうしたパターン化された行動を繰り返していると、「たとえ目の前に面白いものや、新しいチャンスがあったとしても見逃してしまうようになる」とのこと。

さらに、「普段から意識的に、『いつも選ばないほう』を選んでいないと、いざというときに冒険できなくなってしまう」とも。

行動パターンは意識的に変えるようにしておかなくては**「きっかけをつかみにくい体質」**になってしまいかねない。

よく、タイムマネジメントに関する本には、「レストランで、メニューを見て迷う時間はムダ。あらかじめ決めておくとよい」などと書いてあります。

もちろん、「ムダな時間を無くす」という立場から見ればそのほうが効率的です。

でも、「きっかけをつかむ」という立場から見れば、じっくりとメニューを吟味して、普段は頼んだことのない、スットンキョウな新メニューをオーダーしてみるのも大いにアリなのです。

では、ここで、私が小学生のときにやった「神様にフェイントをかけた体験」。

実は私、小学校の低学年の頃、国道２４６号線に寝てみたことがあります。

小学校時代の通学路は、２４６号線と交差していて、私は毎日、歩道橋を使って横断していました。

ある朝のこと。

その日、何かの用で、いつもよりも、ずいぶん早い時間に通学していた私は２４６号線にさしかかりました。

朝モヤがかかっていて、あたりにはポツンと私ひとりだけ。

２４６号線は一本道で、見通しがよく、右も左もはるか先まで車は見えません。

道路の幅はせいぜい８メートルくらいだったでしょうか……。

と、そのとき、私の頭に、ある「とんでもない考え」が浮かんだのです。

「２４６に寝転がるチャンスは今しかない！」

チャンスなのかどうかわかりませんが、迷っているヒマはありません。

グズグズしていると車が来てしまいます。

あたりに人目がないのをたしかめるやいなや、道路に寝転ぶ私。

曇り空でした。

目をつむり、なぜかゆっくりと「1、2、」とカウント……。

もう限界！　と、飛び起きて、何食わぬ顔で反対側へ。

その直後、はるか彼方に1台の車が見えました。

アブナイ、アブナイ。

もう少しで通報されてしまうところでした。


えっ？

「なんでそんなことをしたのか？」ですって。

もちろん、神様にフェイントをかけるため！　こうして今、本を執筆できるようになったのも、246に寝たおかげ！……ということは一切ありませんが、とにかくその瞬間、魔がさしたとでも言いましょうか、「こんな経験は今しかできない」と、唐突に思ってしまったのですね。

まあ、とりあえず、このときのことはこうして今でも覚えているのですから、「思い出」になったのはたしか。少なくとも、こうして本に書く話題の1つにはなったようです。

今どき、こんなことをしたら、誰かにスマホで撮影されて、動画をアップされ、「国道に寝そべる、悪質な子ども」としてテレビニュースの「驚きの動画コーナー」に取り上げられてしまうでしょう。

よい子は絶対にマネしないでくださいね（笑）。

神様へのフェイントは、くれぐれも人様に迷惑をかけないようにやりましょう。

参考『考えないヒント』小山薫堂著 幻冬舎新書
『思考をやわらかくする授業』本田直之著 サンクチュアリ出版

いつも心に「リセットボタン」を持つ
「大戸屋」と「ケンタッキーフライドチキン」の共通点

「マジどん」から抜け出すためのきっかけをつかむアクション。
その9つ目は、**「リセットしてみる」**です。

街でよく見かける「大戸屋《おおとや》」と「ケンタッキーフライドチキン」。
実はこの2つの店舗には、意外な共通点があります。
それは、ともに、「あること」が、躍進の「きっかけ」になったという点。
両社の躍進の「きっかけ」になったあること……。
それは……。

火事。

まず、大戸屋さんの火事について……。

今でこそ、国内、海外でフランチャイズ店を含めて500店舗近くを数える同店ですが、その歴史は決して順風満帆ではなかったそうです。

1958年に「大戸屋食堂」としてスタート。

1983年には「株式会社大戸屋」となり、店舗は増えていきましたが、「いかに女性客を取り込むか」が大きな課題でした。

そんな大戸屋さんにとって、思い切った店舗改装の「きっかけ」になった出来事……。

それが火事だったのです。

1992年に、吉祥寺店が油の不始末から起こしてしまった火災。

店舗は全焼したものの、幸いにも従業員は無事でした。

このとき社長は**「この火事を機会に女性客を取り込めるような、おしゃれな店にしよう」**と考えます。

本来なら**マイナスの出来事である火事を「イメチェンのチャンス」と前向きにとらえた**のですね。

そして。

このイメチェンは大当たり。

「大戸屋」の店内が初めて女性客であふれたのです。


次は「ケンタッキーフライドチキン」の火事について……。

カーネル・サンダースさんが40歳のとき、自分がやっていたガソリンスタンドにイスを置いて「サンダース・カフェ」として食べ物を出したのが「ケンタッキーフライドチキン」のスタートでした。

カフェは「美味《うま》い」と評判になりましたが、彼が50歳のときに、火事で全焼してしまいます。

普通ならショックでお店をやめてしまうところでしょう。

でも、サンダースさんは違いました。

この**火事を、2つの大改革の「きっかけ」にしてしまう**のです。


まず、お店の規模を一気に140席の大きなレストランに拡大します。

そして、大人気だったフライドチキンの調理時間を短くするために、圧力釜を導入するのです。

そうです。

あのケンタの独特の風味は、このときに確立したのです。

「大戸屋」も「ケンタッキーフライドチキン」も、火事で「リセット」されたのが「飛躍のきっかけ」になりました。

「リセット」は、ときとして「よい方向に向かうきっかけ」になります。

ほら、世の中の成功者には、人生のある時点で事業に失敗して一文無しになるとか**「一度、ゼロにリセットされる」**という経験をしている人が多いでしょう。

PART2で紹介した、アマゾンの創設者、ジェフ・ベゾスも副社長の地位を捨てて、人生をリセットしていますよね。

あっ、勘違いしないでくださいね。

なにも「家に火をつけろ」とか「仕事をやめろ」と言っているのではありません。

リセットは、火事や破産や投獄（笑）ほど過激でなくても、たとえば「引っ越し」だっていい。

経営コンサルタントの大前研一氏は、「人が変わる方法」は、次の3つしかないと言っています。

1．時間の配分を変える。
2．住む場所を変える。
3．つき合う人を変える。

「引っ越し」をすることは、この3つを同時に変える「きっかけ」になりますね。

「火事も、転職も、引っ越しもちょっと無理」というあなた（というか普通は無理）は、「心にリセットボタンを持つ」だけでもいい。

人材育成のプロフェッショナル、福田稔《みのる》氏も、「心に『やる気スイッチ』と『リセットボタン』を持つのがよい」と言っています。

落ち込んだときは、ゲームをリセットするみたいに、カチッと心を「リセット」してしまう。

大戸屋の社長さんも、カーネル・サンダースさんも、言ってしまえば、「心のリセットボタンの押し方」がうまかったわけですね。

いつも心にリセットボタン。

これが気分転換して、「マジどん」からよい方向へ向かう「きっかけ」になります。

参考『明日が見えないときキミに力をくれる言葉』ひすいこたろう著 SB文庫
『なぜか「目にとまる人」になる100のルール』福田 稔著 日本実業出版社

「応募」して、自分の実力を試してみる
「ガネーシャ」が教えてくれたこと

「マジどん」から抜け出すためのきっかけをつかむアクション。
その10個目は、**「応募してみる」**です。

大ベストセラー『夢をかなえるゾウ』のなかに、こんなシーンがあります。
「建築デザイナーになりたい」という夢を持ちながらも、その本心を抑えて会社通いを続ける主人公に、「夢をかなえるゾウ」ことガネーシャ（＝ゾウの顔をしたインドの神様）がこんなことを言うのです。

「（自分の人生を変えるのに）一番効果的で劇的な変化が望めるんは……『誰かに才能を認められる』や。（中略）才能が認められる、いうことは、今まで自分でも気づかへんかったような才能が見出されるっちゅうことや」

そして、その「誰かに才能を認められる」ための近道について、こう断言します。

「応募することや」

この「応募する」の真の意味は、「自分の才能が他人に判断されるような状況に身を置いてみる」ということ。

「たしかに、なかなか自分の才能は見出されんかもしれへん。けどな、それでも可能性を感じるところにどんどん応募したらええねん。それでももし才能認められたら、人生なんてあっちゅう間に変わってまうで」とガネーシャ。

もし、あなたの夢が漫画家だとして、自分が描いた漫画を、友達に見せるだけでは、心優しき友達から、「面白いね」って言ってもらえるだけです。

でも、出版社へ持ち込んでみたり、「〇〇漫画賞」の作品募集に応募してみたりしてみれば……。

それは、「自分の実力のレベル」をシビアに知る機会になります。

コンサルティング会社や出版など多方面の事業を経営し、ビジネススクールの校長も務める平秀信《ひらひでのぶ》氏もこう言っています。

「知識を得ても、それを試す場所がなければチャンスをものにできない。チャンスをものにできる人の多くは、『試す場所を持っている人』です」

「応募」すれば、それがイコール「試す場」になるわけですね。

「自分の実力」が客観的に評価されるのは、ちょっと怖いかもしれません。

だから、多くの人は尻込みしてしまう。

でも。それは、「きっかけ」をつかむためには、通らなくてはならない道。

「応募する」とは、自分から意識的に波風を立てて、「きっかけ」を作り出す行為。

神様があちこちに用意してくれているチャンスを、自分から拾いにいくわけですね。

「何かをやりはじめたとき、誰もが最初にぶち当たる壁は、自分の実力を知らなきゃいけないってことだと思う」とは、漫画家の西原《さいばら》理恵子さんの言葉です。

また、オンラインゲームの運営を行うガンホー・オンライン・エンターテイメント社の社長で、ゲーム業界の風雲児と呼ばれる森下一喜氏は、**「よく『波に乗る』と言うけど、波（＝イノベーション）は、自分で起こした方が面白い」**と言っています。

この「応募する」とは、何も小説のコンクールとか、女優のオーディションとか、そういう特別なものばかりを言っているのではありません。

「求人広告」への応募、「社内の提案制度への応募」など、何だっていい。

「自分が客観的に評価される場」という意味で言えば、たとえば、「ブログを書く」という行為だって、他人から評価される場への「応募」なのです。

「自分の実力を試す場所」を持っていないあなた。

「応募」によって、強引に「試す場」を作ってみてはいかがでしょうか？

参考　『夢をかなえるゾウ』水野敬也著 飛鳥新社
『チャンスは1分おきにやってくる』平 秀信著 マイナビ

夢を「宣言」すれば、運命は変えられる

パリで高田賢三に会えたら

「マジどん」から抜け出すためのきっかけをつかむアクション。

最後は**「宣言してみる」**です。

「宣言してみる」って、たとえば、**「もし、○○が××したら、○×する」**と、勝手に決めてしまうということ。

自ら出版社を立ち上げ、イギリスに関する多くのエッセイで知られる井形慶子さんの体験談です。

大学生の頃の井形さんは、親からの仕送りを何とかやりくりしながら「自分の将来」を模索していたそうです。

出版業界に憧れて、出版社へ投稿を繰り返すものの、デビューには至らず、悶々とした日々を送っていました。

「このまま4年間大学にいたら、自分の希望など見えなくなるのでは」という不安が日に日に募っていたのです。

行き詰まった彼女が取った行動は、「ヨーロッパへ行くこと」。

「生まれて初めての海外で、何かスクープ取材でもできれば、それが出版社への就職に有利な材料になるかもしれない」と思ったのが、その理由。

アルバイトで貯めたお金でヨーロッパ各地を貧乏旅行する彼女。

しかし、何のスクープも取れないまま、気がつけば、最終目的地のパリに着いてしまいます。

「もう旅も終わるのに、進路についてのヒントは何も得られなかった……」と考えていた彼女。

すると、突然、あるヒラメキが！

ここはパリ。ずっと憧れていたデザイナー、高田賢三さんが住んでいる街じゃないか。

今、この同じ街に高田賢三さんがいる。

そう考えた彼女は、心のなかでこう宣言をしました。


もし今日、高田賢三さんに会えたら、私の運命は変わる！


カメラを手に、高田賢三氏のブティックを訪ねる井形さん。

もちろんアポなし。

スタッフに「海外で活躍する著名人にインタビューしている日本の雑誌社の者です」と、ハッタリをかまします。

「あなたは『ａｎａｎ』の人ですか」とフランス人のスタッフ。

「『ａｎａｎ』よりも、もっとスゴイ雑誌ですが、創刊前なのでタイトルはまだ決まっていません」と大ウソをつく彼女。

「ケンゾウは今、パリコレの準備ですごく忙しい。時間は取れない」と断るスタッフに、井形さんは思いのたけをぶつけます。

「5分でいいからお願いします！

どうしても賢三氏にインタビューしたくて、はるばる日本から来ました!!

もしここで賢三氏に会えたら、私の人生は変わるんです！！！」


最後のほうはもう、心の叫びですね。

彼女の必死の思いは通じました。

スタッフは折れて、「少しだけですよ」と賢三氏に引き合わせてくれたのです。


彼女は賢三氏に、「ずっと憧れていたこと」を伝え、パリコレの準備に追われる仕事中の姿を写真撮影することを許されます。

帰国した彼女は、この体験をエッセイにまとめ、スクープ写真と共に出版社へ送付しました。

そして……。

それを「きっかけ」にして、ついに出版社からの採用を勝ち取ったのです。

彼女は言っています。

「人生とは自分でつくるものなんだ」

彼女の行動は一見、メチャクチャです。

「今日、高田賢三さんに会えたら運命が変わる」という考えには、なんの根拠もありません。

でも、**自分で宣言してしまえば、それが「きっかけ」になる。**

ある成功者が、こんな話をしているのを聞いたことがあります。

まだその成功者が若い頃、仲間数人との酒の席で、「自分たちの将来の夢」について、一人ひとりがノートに書き込みをしたのだそうです。

それで、何年も経ってからそのノートを見てみたら、なんと全員がそのノートに書いた通りに成功していたというのです。

「宣言を文字にする」「貼り紙をする」などの効果は絶大です。

「目標」を文字にして毎日見ていると、それが脳に刷り込まれて、自然と「それを実現するため」の情報を集め、行動を取るようになる、というのがその理由。

ちなみに、私は、ある漫画家さんの「自分の夢を漫画に描いてくれる」というイベントで、「自分が出した本を持っている絵」を描いてもらい、それを部屋に飾ってから、わずか半年後に自分の本を出すことができました。

自分でも信じられませんが、これ、ホントの話です。

「宣言する」
「その宣言を書いて、毎日、眺める」

ダメ元でやってみてください。

それが「マジどん」から抜け出すきっかけになるかもしれません。

参考『イギリス式小さな部屋からはじまる「夢」と「節約」』井形慶子著 講談社＋α文庫
『非常識な成功法則』神田昌典著 フォレスト出版

「簡単ではないこともあるが、
君にはできる。
世界は君のものなのだから」

ベーブ・ルース（メジャーリーグ、伝説のホームラン王）

PART4

「マジどん」脱出穴うめクイズ❽

PART4は、「マジどん」脱出穴うめクイズです！

クイズの元ネタは、「迷ったとき」の判断基準や、「きっかけ」をつかむコツなどについての名言です。クイズの後には、その名言に関するミニ解説を添えました。

すぐに答えを見ないで、いろいろと考えてみてからページをめくってくださいね。

考えることで記憶に残りやすくなるだけでなく、実は、あなたが考えた不正解こそが、あなた自身の判断基準だったりして、自分の意外な深層心理を知ることができますから。

「マジどん」穴うめクイズ
1

「迷ったときは、〇〇〇ほうを選ぶ」

演出家・タレント　テリー伊藤

ヒント　漢字1文字、送り仮名2文字

「迷ったときは、笑えるほうを選ぶ」

演出家・タレント　テリー伊藤

テレビ番組で、辛口コメンテーターとして、人気のテリー伊藤さん。

実は私は、このテリーさんに、個人的な恩義があります。まあ、と言っても、実際にお会いしたことはありませんが……。

私の最初の本、『壁を越えられないときに教えてくれる一流の人のすごい考え方』（アスコム）が出版されたとき、テリーさんが、テレビの情報番組のなかで、「この本、面白いっすよ！」と絶賛してくださったのです。

放送直後から、アマゾンでの順位は急上昇しました。

辛口のテリーさんが褒めてくださったことで、どれだけ多くの人が私の本を手に取ってくださったことか……。


さて、彼は、その著書のなかで、**「迷ったときは、笑えるほうを選ぶ」**と言っています。

テリーさん曰く。

「日本人の買い物は、1万円を超えると、とたんに保守的になる」

値の張るものを買うとき、日本人はなぜか冒険をしなくなる。それは面白くないと。

ならば自分は、**「ノリがいいっていう着眼点でやっていくことにした」**のだとか。

クルマを買うにしても、「上司が死んだとき、この色のクルマで葬式に行っちゃまずいよな……」などとは一切考えない。そのかわり、「クリスマスパーティーに自分が乗って行くとしたら、どのクルマが一番ウケる（笑ってもらえる）か？」という選び方をする。

もちろん、この「テリー流の選択基準」は業界人の感覚。万人向けではないでしょう。

大切なのは、**自分の価値観をしっかり決めておけば、モノを選ぶときに迷わず、ムダな時間を使わなくて済む**ということ。

そして、学ぶべきは**「笑える選択」**という部分。

「笑える選択」って、つまり「人を楽しませる選択」です。

それは、周りへのサービス精神の表れですね。

このサービス精神は、「成功へとつながるきっかけ」になりやすいということがポイントなのです。

参考『テリー伊藤の遊びベタのための成功法則』テリー伊藤著 青春出版社

「得になることと、得にならないこと。迷ったときは、〇〇〇〇〇ほうを選ぶ」

作家・俳優　中谷彰宏

ヒント　さて、「得になるほう」か「得にならないほう」か、どちらでしょう？　ぜひ、理由とともに答えてください。

「得になることと、
得にならないこと。
迷ったときは、
得にならないほうを選ぶ」

作家・俳優　中谷彰宏

「理由はなに？」と思ったあなた。

ちゃんと説明しますから、そう怒らずに……。

そもそもこの言葉は、無条件で、いつも「得にならないほうを選べ」と言っているわけではありません。

前提条件である、**「迷ったときは」という言葉が、実は重要**なのです。

たとえば、「10万円儲かる仕事」と「1万円儲かる仕事」があって、あなたが、「どちらかを選べ」と言われたとしましょう。

もし、あなたに迷いがなければ、素直に「10万円儲かる仕事」のほうを選べばいいのです。

ところが、ここで、あなたに、もし「迷いがある」としたら……。

その場合は、「儲からないほう（＝得にならないほう）」である「1万円の仕事」を選びなさい！　というのが、この言葉の意図です。

なぜか。

それは、9万円もの差があるにもかかわらず、あなたが**「迷っている」**時点で、**すでにあなたは、「得しないほうの仕事」に、「お金以外の魅力」を感じているという証拠**だからです。

「得はしない」けれど「魅力を感じる仕事」は、あなたが楽しみながら、やりがいを持って、力を発揮できる仕事である確率が高いのですね。

「迷った」ときは、「得をしないほう」を選ぶ。そのほうが、「得だけど楽しくなくて、やりがいも感じないほう」を続けるよりハッピーだし、成功する確率も高い。

PART2で登場したアマゾンの創設者、ジェフ・ベゾスさんも、この原則を知っていれば、会社を辞める決心をするのに2日間も迷わずに済んだかもしれませんね。

参考『中谷彰宏名言集』中谷彰宏著 ダイヤモンド社

「○○には元手が要らない。しかも、利益は莫大」

「○○は与えても減らず、与えられた者は豊かになれる」

「どんな金持ちも、○○なしでは暮らせない」

「どんなに貧乏な人も、○○によって豊かになる」

作家・自己啓発家 デール・カーネギー

ヒント ○○のなかはすべて同じ言葉です。
漢字2文字。

「笑顔には元手が要らない。しかも、利益は莫大」

「笑顔は与えても減らず、与えられた者は豊かになれる」

「どんな金持ちも、笑顔なしでは暮らせない」

「どんなに貧乏な人も、笑顔によって豊かになる」

作家・自己啓発家 デール・カーネギー

「マジどん」から抜け出したければ、いつも笑顔でいることです。

ムスッとした人からは、「運」も、「人」も逃げていきます。

「マジどんだったら笑えない」って、思うかもしれませんね。

でも、それって逆で、**「苦しいときこそ、笑顔だとかユーモアが、解決の突破口になる」**ものなんです。


さて。アメリカの作家・自己啓発家、デール・カーネギーのこの言葉。

「笑顔は元手が要らない。しかも、利益は莫大」って、まさに、カフェやファミレスのメニュー表などで、たまに見かける「スマイル0円」の元祖ですね。

笑顔は世界共通語、「スマイル イズ ワールド ランゲエッジ」。

とくに、対人関係において、その効果は絶大です。

カーネギーは同じ著書のなかでこうも言っています。


「笑顔は好意のメッセンジャーだ。受け取る人々の生活を明るくする」

「好意のメッセンジャー」とは、なかなかウマイ。
「自分の生活を明るくしてくれる人」には、誰だって好感を持つはず。
そして、誰からも好意を持たれる人には、自然と「よい話」が転がり込んでくるものです。誰だって、眉間にシワを寄せている人より、余裕でニコニコしている人に仕事の依頼をするでしょう。

「たかが笑顔、されど笑顔」

ぜひ、「好意のメッセンジャーの使い手」になってください。

参考『人を動かす』デール・カーネギー著 創元社

4

「ピンチのときでも笑顔でいなさい。笑顔がいちばん、○○○から」

女子プロゴルファー　渋野日向子の母

ヒント　お母さんのこの言葉で、渋野選手は、ピンチのときでも笑顔でいられるようになったのだとか。

「ピンチのときでも笑顔でいなさい。
笑顔がいちばん、カワイイから」

女子プロゴルファー　渋野日向子の母

2019年8月に開催された、ゴルフの「全英女子オープン」で、1人のヒロインが誕生しました。

その名は、渋野日向子《しぶのひなこ》。

日本人としては、樋口久子さん以来、42年ぶり2人目のメジャー大会での優勝を果たしたのです。

どんなピンチでも笑顔を絶やさないことから、ついたニックネームは「スマイルシンデレラ」。1つ前の項で、「笑顔の人は運を引き寄せる」と言いましたが、彼女は、それを大舞台で証明しました。

普通ならプレッシャーのかかる緊迫の試合展開の真っ最中に、おにぎりと大好きな駄菓子を笑顔で頬張るその姿に、皆が驚き、魅了されたのです。

最終ホールで、「入れることができたら初出場で初優勝」というプレッシャーのかかるパットの前でも笑顔なのですから、本当にスゴイ。

しかし、そんな彼女も、子どもの頃、ゴルフを始めた当初は、失敗するとすぐにふてくされて、顔に出るタイプでした。それが、少しずつ変わったのはソフトボールでピッチャーになってからのこととか。

「ピッチャーである自分がふてくされていたら試合が進まない」と思いはじめたのです。

そして、決定打になったのが、お母さんの言葉でした。

「笑顔がいちばん、カワイイよ」

これ、単に「どんなピンチのときにも笑顔を絶やさないようにしなさい！」って、上から目線で言われるより、はるかに効果的ですよね。

この理由なら、女の子は、自主的にどんどん笑顔になってしまうのでは？

男の子なら、さしずめ、好きな女の子から、「ピンチのときにも笑顔でいられる人が好きなの」なんて言われた状態でしょうか。

この、**「自主的に実行できる理由づけ」って、「マジどん」から抜け出すときにも、とても有効**です。

自分が「自然に頑張れる動機」。ぜひ、見つけてみてください。

「飲み屋は、男の○○である」

漫画家 赤塚不二夫

ヒント　漢字2文字。赤塚センセイにしては、めずらしく下ネタではありません（笑）。

「飲み屋は、男の道場である」

漫画家　赤塚不二夫

赤塚センセイは、飲み屋を「男を磨く道場」だと考えていたのです。

それは、「飲み屋」が「人と出会う場所」そのものだったから。

赤塚センセイにとっては、飲み屋は、「出会い」も「アイデア」も拾える場所でした。

センセイは、飲み屋で知り合ったばかりの人を自宅に連れて帰ることがよくあったそうです。

それどころか、一緒にお酒を飲んで盛り上がったホームレスの皆さんを大勢自宅に連れて戻って、お風呂に入れてあげたことも……。

そう言えば、ＰＡＲＴ１でお話をしたように、タモリさんと赤塚センセイが初めて会ったのも飲み屋さんでしたね。

マニアックな余談ですが、赤塚漫画のキャラクターの1人（?）、ココロのボス（『もーれつア太郎』という作品に出てきます）は、飲み屋でお酒をオーダーしている中国人が「水割りが欲しいのココロ」と言っているのを聞いて、「これはオモシロイ」と思ったのが、誕生の「きっかけ」だったとか。

出会いやアイデアを拾いに行く場所は、何も飲み屋でなくたっていい。

赤塚センセイにとっては、たまたま飲み屋が「その場所」だったというだけです。

「ここに来ると、いつも刺激されて、いいアイデアが浮かんでくる」という、会合だっていい。

「疲れたときは、いつもここにリフレッシュにくる」という、温泉宿だっていいんです。

あなたは、**行きつけの「道場」や「リフレッシュの場」**を持っていますか?

参考『赤塚不二夫120%』赤塚不二夫著 小学館文庫
『バカボンのパパよりバカなパパ』赤塚りえ子著 徳間書店

「すべての偉大な発見は、〇〇〇をきっかけとしている」

マーフィーの法則

ヒント　漢字2文字と送り仮名1文字。

「すべての偉大な発見は、
間違いをきっかけとしている」

マーフィーの法則

「間違い」や「偶然」が発見や発明につながった例は数え切れません。

付箋紙《ふせんし》が強力な接着剤を作ろうとしていた時の失敗作だというのは有名な話です。

吸い取り紙は、製紙会社の職人が間違って「ものすごくにじむ紙」を作ってしまったのが発明の「きっかけ」。

万年筆は、品質の悪い万年筆から契約書にインクが垂れたために商談をキャンセルされたことに腹を立てた人が、改良を重ねて現在の品質になったそうです。

消しゴムは、天然ゴムの塊《かたまり》で、偶然、鉛筆で書いた文字をこすったらよく消えたことから改良されたもの。

ついでに「消しゴム付きの鉛筆」は、小さくなった消しゴムがすぐにどこかへ無くなってしまうことに困った貧乏画家が発明したもの。

電子レンジは、電磁波の研究中、偶然、研究者のポケットに入れていたチョコレートがドロドロに溶けたことが発明につながりました。

「清酒」は、造り酒屋をクビになった男が、腹いせにお酒をダメにしてやろうとして、酒樽に木炭を入れたことから生まれとか。

ビスケットは、難破した船の船員たちが海水につかってしまった小麦粉やバターや砂糖をこねて焼いてみたら美味しかったのが発祥です。

本当に、これだけで本が1冊書けてしまいます。

ポイントは、「あー、失敗しちゃった〜」で終わらせないこと。

PART2でも「失敗から学ぶ」ってお伝えしましたよね。

「失敗をしたときにスルーしないこと」が、「マジどん」から抜け出すきっかけになることがあるのです。

「行き詰まったときの○○は、知性への特効薬だ」

ドイツの哲学者　ニーチェ

ヒント　○○の部分には、本の種類が入ります。漢字2文字。

「行き詰まったときの古典は、
知性への特効薬だ」

ドイツの哲学者　ニーチェ

ニーチェはこう言っています。

「おおむね読書はたくさんの益をもたらしてくれる。（なかでも）古典はとくに滋養に富んでいる」

まあ、そんなことを言っていたニーチェさん自身が、今ではすっかり古典になってしまったわけですが……。

PART3でも、読書では「古典」が有益だとお伝えしましたよね。

ニーチェはさらに、「読むべき書物」として、次のような本を薦めています。

- **読む前と読んだあとで世界がまったく違って見えるような本**
- **私たちをこの世の彼方へと連れ去ってくれる本**
- **読んだことで私たちの心が洗われるような本**
- **新しい知恵と勇気を与えてくれる本**
- **愛や美について、新しい認識、新しい眼を与えてくれる本**

これらの条件を満たしている良書に出会ったときは、ぜひ、**一読で終わらず、時間を経**

て、何度も読むことをオススメします。

なぜなら、優れた本というものは、読むたびに新しい発見があるからです。

私の知人である起業家の方は、デール・カーネギーの『人を動かす』を、穴のあくほど繰り返し読んでいるそうです。

実際に、その方が繰り返し読んでいる『人を動かす』の現物を見せていただきましたが、もう表紙はボロボロで、手あかだらけ。あちこちに付箋が貼ってあって、「読み込んでいる」ことがひと目でわかりました。

その方が言うには、「これだけ読んでも、まだ、読むたびに発見がある」というのですから、本当の名著なのですね。

優れた本を繰り返し読んで味わい尽くす!

「マジどん」なときこそ、使って欲しい「脱出法」です。

参考『超訳ニーチェの言葉』ニーチェ著 ディスカヴァー・トゥエンティワン

「月に行こうという
目標があったから、
アポロは月に行けた。
〇〇〇を改良した結果、
月に行けたわけではない」

実業家・楽天株式会社の創業者 三木谷浩史

ヒント 漢字3文字

「月に行こうという
目標があったから、
アポロは月に行けた。
飛行機を改良した結果、
月に行けたわけではない」

実業家・楽天株式会社の創業者　三木谷浩史

「われわれは、60年代末までに、月面に人を送り込む」

1961年5月に、議会での演説で、高らかにこう宣言をしたのは、かのジョン・F・ケネディでした。

そのわずか1か月前。

かつての「ソ連」は、ボストーク1号によって「人類初」の宇宙飛行に成功してしまいました。

ナンバー1が大好きなアメリカにとっては、最大の屈辱。

ケネディの演説は、**「人類初の宇宙飛行はソ連にやられてしまったけれど、人類初の月面到着はアメリカがもらう！」**という宣言だったというわけです。

「1番になれなかったことをショックに思うこと自体がくだらない」という話はさておき、三木谷氏はその著書のなかで、このケネディの演説を絶賛しています。

「国民の心を奮い立たせるのに、それ以上に効果的な演説はなかった。『いつか』ではなく『60年代が終わるまでに』、つまり8年以内にその計画を達成すると期限を切ったのが、何より秀逸だった」

本書のPART3の「宣言してみる」で紹介した効果が発揮されていますね。
このケネディの「宣言」ののち、数々のブレイクスルー（＝壁を突き破ること）を経て、アメリカが月面に人を送り込んだのは1969年7月のこと。
ケネディの「60年代が終わるまでに」という「宣言」はギリギリで現実になったわけです。ただ、ケネディはこのとき、すでに暗殺され、この世にはいませんでしたが……。

期限を決めた目標を立てて、宣言する。

それが、どれだけ、あり得ないほど大きな効果を発揮するかがわかる実例だったと思います。
さあ、あなたも「期限を切った宣言」をして、「マジどん」を抜け出してください！

参考『成功の法則92ヶ条』三木谷浩史著 幻冬舎

おわりに

マトリョーシカの伝説

最後まで読んでいただき、ありがとうございました。

「マジどん」から脱出するためのきっかけにまつわるさまざまな話。

いかがでしたでしょうか？


最後の最後、もう少しだけおつき合いください。


ドラマや映画でも人気の歌舞伎役者、片岡愛之助さん。

彼は梨園（＝歌舞伎界）ではめずらしく、一般家庭から歌舞伎の世界に入った人です。

9歳にして故十三代目片岡仁左衛門さんの「部屋子《へやご》」になって歌舞伎の修業をしていた愛之助さん。成人となり、二代目片岡秀太郎さんから「養子入り」の誘いを受けます。

しかし、長男である彼は悩みます。

歌舞伎役者にはなりたいけれど、実の親がいるのに、その縁を切ってしまってよいのだろうか？

そんな、悩める愛之助さんの背中を押してくれたのは、他ならぬ実の両親でした。

愛之助さんの実のお母さんが亡くなったとき、その葬儀で、お父さんは、愛之助さんのお母さんのお骨が入った骨壺を見ながら、彼にこんなことを言ったそうです。

「人間は、こんな小さな壺のなかに入ったら終わりや。だから、おまえは、人生を自分のために生きなさい」

養子縁組を許してくれたの父の思いが伝わってくる言葉です。

「親子の縁」を捨てさせてまで、彼に「好きな道へ挑戦すること」を勧めた実父は、この後、母親のあとを追うように帰らぬ人となっています。

今ではきっと、ご夫婦で、息子の舞台を特等席から観て喜んでいることでしょう。

愛之助さんは、両親の理解もあって、「親子の縁」という「とても大きなもの」を捨てることで、自由に生きる「きっかけ」を得たのですね。

あなたは、ロシアの玩具、「マトリョーシカ」をご存じでしょうか?


持ってはいなくても、何かでご覧になったことはありますよね。

ロシアの民族衣装姿の女性が描かれた、日本のこけしのような、あの人形。

なかから、次々と同じ形の人形が出てくる、あれです。


あのマトリョーシカ。

正式には全部で7つなのだとか。

そして、一番最後に出てくる、7つ目の小さな小さな女の子には、ちゃんと呼び名があるのだそうです。


その名前。

それは……。

希望。

ロシアでは、この「希望ちゃん」に息を吹きかけると、この子が旅に出て、息を吹きかけた持ち主の願いごとをかなえてくれる……という伝説があるのだとか。

この、ちょっとステキな伝説。

何だか、私には、こう思えるのです。


人は、たくさんの「しがらみ」を脱ぎ捨てていくと、最後の最後には、その人が持っている、本来の「希望」だけが残る。

そして、すべての「しがらみ」を捨てた「希望」は、自由になって、その「思い」を現実にするための行動に出る……。


この伝説は、そんな、「人生の真実」を伝えているような気がするのです。

弘法大師《こうぼうだいし》の呼び名で知られる真言宗の開祖、空海は、こんな言葉を残しています。

「心がありままの姿であれば、風に乗ってどこまでも、自由に飛んでいく」

あなたの人生は、あなただけのものです。
自分のために生きるのも、誰かのために生きるのも、あなたが自由に決めていい。
『五体不満足』で知られる文筆家でタレントの乙武洋匡《おとたけひろただ》さんは、「将来の進路について、両親から反対されて悩んでいる若者」から人生相談を受けたとき、たったひと言、こう回答しています。

「誰の人生？」

この本が、あなたが「あなたらしい人生」を歩むための「きっかけ」になれば、作者としてこれ以上の喜びはありません。

西沢泰生

日本人女性初の宇宙飛行士
向井千秋さんの言葉。

人生を変えるきっかけっていうものは、
日常茶飯のいろいろなところに
転がっていると思うんです。
転がっているのに気づくか、気づかないか。
気づいたときに……、

取るのか、
取らないのか……。

著　者／西沢泰生《にしざわやすお》

1962年、神奈川県生まれ。

子どもの頃からの読書好き。「アタック25」「クイズタイムショック」などのクイズ番組に出演し優勝。「第10回アメリカ横断ウルトラクイズ」ではニューヨークまで進み準優勝を果たす。

就職後は、約20年間、社内報の編集を担当。その間、社長秘書も兼任。

主な著書：『壁を越えられないときに教えてくれる一流の人のすごい考え方』（アスコム）／『夜、眠る前に読むと心が「ほっ」とする50の物語』『伝説のクイズ王も驚いた予想を超えてくる雑学の本』（ともに三笠書房）／『大切なことに気づかせてくれる33の物語と90の名言』『コーヒーと楽しむ 心が「ホッと」温まる50の物語』（ともにPHP文庫）／『朝礼・スピーチ・雑談 そのまま使える話のネタ100』（かんき出版）他。

メールの宛先（＝執筆依頼先）yasuonnishi@yahoo.co.jp

ブックデザイン／ティエラ・クリエイト（小沼修一）
校　　　正／小川かつ子
D　T　P／ティエラ・クリエイト（田中奈津子）

マジどん
「マジで、どん底《ぞこ》！」から抜《ぬ》け出《だ》す、一流《いちりゅう》の人《ひと》のすごい考《かんが》え方《かた》

発行日　2019年12月20日　第1刷発行

著　者　西沢泰生《にしざわやすお》
発行者　清田名人
発行所　株式会社内外出版社
〒110-8578 東京都台東区東上野2-1-11
電話　03-5830-0368（企画販売局）
03-5830-0237（編集部）
https://www.naigai-p.co.jp/
印刷・製本　中央精版印刷株式会社

ISBN978-4-86257-485-5 C0095